# 编委会

潮州市文艺创作重点项目

潮州市社会科学界联合会　总主编

# 潮州茶器

## （1860—2020）

李炳炎　林　楠　著

暨南大学出版社
JINAN UNIVERSITY PRESS

中国·广州

图书在版编目（CIP）数据

潮州茶器：1860—2020 / 李炳炎，林楠著；潮州市社会科学界联合会总主编 . —广州：暨南大学出版社，2022.9
ISBN 978-7-5668-3241-2

Ⅰ . ①潮… Ⅱ . ①李…②林…③潮… Ⅲ . ①茶具—发展史—潮州 Ⅳ . ① K875.24

中国版本图书馆 CIP 数据核字（2021）第 192191 号


潮州茶器（1860—2020）
CHAOZHOU CHAQI（1860—2020）
著　者：李炳炎　林　楠
总主编：潮州市社会科学界联合会

- - - - - - - - - - - - - - - - - - - - - - - - - - - - - - - - - - - - - - - - - - - - - - -

出 版 人：张晋升
策　　划：黄圣英
责任编辑：冯　琳
责任校对：刘舜怡　刘小雯
责任印制：周一丹　郑玉婷

出版发行：暨南大学出版社（511443）
电　　话：总编室（8620）37332601
　　　　　营销部（8620）37332680　37332681　37332682　37332683
传　　真：（8620）37332660（办公室）　37332684（营销部）
网　　址：http://www.jnupress.com
排　　版：广州市广知园教育科技有限公司
印　　刷：深圳市新联美术印刷有限公司
开　　本：787mm×1092mm　1/16
印　　张：13.5
字　　数：200 千
版　　次：2022 年 9 月第 1 版
印　　次：2022 年 9 月第 1 次
定　　价：76.00 元

# 目 录
## contents

1

# 序 Ⅲ

2020 年 10 月 12 日，习近平总书记视察潮州时讲道："潮州文化具有鲜明的地域特色，是岭南文化的重要组成部分，是中华文化的重要支脉。以潮绣、潮瓷、潮雕、潮塑、潮剧和工夫茶、潮州菜等为代表的潮州非物质文化遗产，是中华文化的瑰宝。"潮州茶文化是潮州文化的组成部分，其中潮州工夫茶历史悠久，茶叶、茶器及冲泡技法，广泛流传于民间，文化积淀深厚，体系完整，以独特的风格享誉海内外。

茶器因茶而生，认识茶器必先了解茶叶和饮茶的历史。

《神农本草经》载："神农尝百草，日遇七十二毒，得茶而解之。"这是中国关于茶叶的最早记载。西汉时期，茶叶逐渐成为宫廷饮料；西晋以后，民间广泛饮茶；唐代时，饮茶之风从南方传至北方，南方茶叶开始贩运到北方，"茶兴于唐且盛于唐"[①]；宋代以后，"茶之为利甚博，商贾转致于西北，利尝至数倍"[②]。从此，南方茶叶大量运销西北、边疆乃至域外。茶叶在国内各地流通的同时，也不断向海外传播，先传入日本、朝鲜等东亚国家，再传入东南亚、南亚国家，最后传至欧洲等国。

传统上，中外茶叶贸易南方以广州为中心，北方以恰克图

---

① 宋时磊：《唐代茶史研究》，北京：中国社会科学出版社，2017 年，第 32 页。
② 脱脱等：《宋史》卷 183《食货志下五·盐下茶上》，北京：中华书局，1977 年，第 4479 页。

为中心，茶业由晋商、粤商、徽商及沿线小茶商经营。鸦片战争后，中国被迫融入全球化，社会性质、贸易体系、管理方式等都发生了深刻变化，茶叶贸易进入新的发展阶段。尤其是在第二次鸦片战争之后，外商资本迅速集聚在通商口岸，设立银行、洋行、茶栈，深入中国内地采办茶叶、设厂制茶，并通过预付货款、设立买办等方式控制茶叶生产。在进行商业扩张的同时，还开辟了新的运茶线路，使茶叶贸易更加繁盛。[①]

茶叶、瓷器成为继丝绸之后，中国对外贸易的两大重要商品。

位于东南一隅的潮州，是国家历史文化名城，有"海滨邹鲁"之称。潮人种植茶叶、生产茶器以及饮茶历史悠久，客来以茶为礼是潮州人的习俗。考古发现，潮州窑于唐代时已生产茶盏、茶杯、茶壶等青瓷，用于煮茶；宋代时已生产划花的青白釉、酱黑釉的茶盏以及各种汤壶，适于斗茶之用；明洪武之后，朝廷倡导使用条茶，茶具出现划时代变化。明清时潮州生产茶壶、茶杯、砂铫等陶瓷泡茶器具。在今天的日本、朝鲜、东南亚、中东一带，均发现潮州历代茶器，[②]可见潮州窑茶器产品外销之盛。

根据实物、文献、档案等资料，笔者梳理近代以来潮州陶瓷业经营背景下潮州茶器的发展脉络；归纳新中国成立后，不同时期饮茶风俗的变化与茶具的时代特点；着重介绍21世纪以来

---

① 黄柏权、平英志：《以茶为媒："万里茶道"的形成、特征与价值》，《湖北大学学报》（哲学社会科学版），2020年第47卷第6期，第69页。

② 参见北京艺术博物馆编：《中国古瓷窑大系·中国潮州窑》，北京：中国华侨出版社，2015年。

潮州手拉朱泥壶的空前发展。本书所涉及的茶器生产地域,近代以明清时期的潮州府为范围,当代则以目前潮州市的行政区域为对象。

本书为什么以近代为时间上限?原因是近代以来,西方第二次工业革命推动了全球化进程,资本主义世界市场完全形成。尤其是1860年汕头开埠后,促进了潮州陶瓷业与上海、香港以及南洋的贸易,其中瓷器茶具在所有瓷器产品中占有相当的比例。可以说,潮州瓷器茶具在近代已形成规模化生产。但是在今天,人们一提起潮州工夫茶器,首先想到的更多是手拉朱泥壶。其实,潮州民间一直有用瓷器泡制工夫茶的传统。特别是近代以来,在潮州几代陶瓷从业者的努力下,以枫溪、高陂、饶平三大陶瓷产区为中心,通过市场拓展、技艺创新,将工夫茶具、奶茶具、咖啡具等俗称为"杯碟壶"的传统产品大量销往海内外。而手拉朱泥壶于民国初期和20世纪60年代在枫溪、凤塘尝试规模化生产,但始终没有打破材料、成型、装饰、烧造等工艺的局限,且市场需求与推广方面条件尚未成熟,无法实现量产。随着改革开放后复古思潮的兴起以及21世纪以来的中华优秀传统文化复兴,加之人民生活水平的不断提高,个性化的手拉朱泥壶得到空前发展。市场对手拉朱泥壶的要求随之增加,涌现了一批名家名作。这一时期,潮州以手拉朱泥壶为代表的茶具产品,走在茶具市场和艺术品市场的前列。

本书的脉络稍显繁复,力图让读者更全面地了解近代以来潮州茶器的生产历史。

　　笔者认为，社会稳定、经济繁荣之时，便是饮茶兴盛之时。在经济飞速发展的今天，人们过上前所未有的美好生活，有享受"食一杯好茶"的闲情逸致，海内外也掀起了饮茶风潮。潮州工艺美术行业的从业人员，尤其是潮州市工艺美术协会的壶艺会员正乘势而上，起而行之，不断提高自身的文化素养，积极挖掘潮州文化，熟悉潮州饮茶历史，熟练掌握茶器制作技巧，提升自身的创作功力，层层积累，厚积薄发，创作出品种丰富的时代精品，体现当代潮州茶器的独特艺术魅力。

　　在习近平总书记"要加强非物质文化遗产保护和传承，积极培养传承人，让非物质文化遗产绽放出更迷人的光彩"的鼓舞下，我们编写《潮州茶器（1860—2020）》，旨在弘扬中华优秀传统文化，保护和传承潮州茶器制作的非物质文化遗产，使之发扬光大。

# 第一章

# 近代潮州茶器

## （1860—1948）

　　近代，汕头开埠对外通商，潮州陶瓷业面临重大的机遇和挑战。在外力的作用下，近代潮州茶具从以壶、杯、锅、炉为主要产品逐渐发展到由壶、杯、锅、炉、水钵、茶船、茶垫等组成的成系列的茶具套，并于二十世纪二三十年代发展成熟，成为海内外潮人的日常用品。抗日战争期间，潮州茶具产品仍有少量生产，纹样以爱国抗日题材为主。至解放战争时期，仍延续传统的造型与纹饰。这些陶瓷茶具以独特的艺术形式反映不同时期社会的经济、文化发展水平，也从侧面反映人们艺术审美的演变。

# 第一节　汕头开埠与潮瓷运销

1840 年，鸦片战争迫使中国由独立的封建社会沦为半殖民地半封建社会，社会性质发生了根本性改变，中国由此进入了一个新的历史阶段，故我们通常把鸦片战争作为划分中国古代与近代的分界线。在这一历史背景下，1860 年汕头对外通商，洋货进入，同时带动地方土产的输出，进出口贸易的发展促使汕头成为近代埠市。民国时期，汕头已形成近代城市化格局，成为韩江、榕江、练江流域的商品集散地和贸易中心。

潮瓷行业顺应时代发展，逐步在汕头埠立足。

## 一、汕头开埠

1858 年，清廷被迫与美、俄、英、法签订《天津条约》，条约规定开辟潮州府城口为通商口岸。[1] 同年，英国在汕头设立领事馆，汕头也开办了德记洋行和怡和洋行。随后，德、日、法、美、俄等国侵略者接踵而至。[2] 自此，岭东门户被资本主义列强用武力强行打开。

在清政府被迫开放汕头为通商口岸后，外国人又在妈屿岛上设立由洋税务司把持的潮州新关，后称为"潮海关"，又称"洋关"[3]。旧有的税关则改称"常关"，只征收国内商货的税款，以区别新设的海关[4]。

---

[1]《中英天津条约》第十一款规定："广州、福州、厦门、宁波、上海五处，已有《江宁条约》旧准通商外，即在牛庄、登州、台湾、潮州、琼州等府城口，嗣后准英商亦可任意与无论何人买卖，船货随时往来。至于听便居住，赁房、买屋、租地起造礼拜堂、医院、坟茔等事，并另有取益防损诸节，悉照已通商五口无异。"

[2] 洪松森：《汕头开埠前后》，《韩山师专学报》（社会科学版），1991 年第 1 期，第 9 页。

[3] 中国海关学会汕头海关小组、汕头市地方志编纂委员会办公室编：《潮海关史料汇编》（内部资料），1988 年。

[4] 康熙二十三年（1684）海禁解除后，在沿海设立闽、粤、江、浙四个海关，对出外贸易的人员和输出的货物进行管理。粤海关又下设省城大关及澳门、潮州等七处总口。潮州总口设立在当时的海阳县（今潮安区）庵埠，所以又称庵埠总口，总口下辖七个正税口和十一个挂号口。1853 年，粤海关在妈屿岛设立潮州粤海新关，取代潮州总口的职能。

潮州府汕头港对外通商后，汕头逐渐代替潮州城区成为粤东的商业中心。《潮州志》[①]载：

> 其时欧人航海来华贸易者日众，濒海得风气之先，新商业重心之沙汕头爰告崛起。洋船昔之泊于樟林港者，亦转而泊于沙汕头，人烟辐辏，浮积加广，交通既便，遂取郡城商业地位而代之。

加上洋轮码头建立，其吞吐量迅速增长，汕头港成为粤东地区的对外门户。

> 汕头为华南第二商港，贸易地方由海道可通厦门，台湾，福州，上海，青岛，烟台，天津，大连等处，向西南可及香港，澳门，广州，海口，海防，西贡，曼谷，新加坡，槟榔屿，日里，仰光，及南洋群岛各埠，内通各县及闽西八属，赣南七属，对外贸易国家（和地区）为暹罗，（中国）香港，南洋群岛，安南，日本，（中国）台湾，与英，美，俄，德，瑞典等，……汕头每年贸易总额达一万万元以上，……由汕头输出外国者为纸花，生油，陶瓷器，抽纱，腌菜，麻苎，土酒，生叶果，……由汕头轮往各省者则以纸，糖，土布，烟丝，麻苎品，陶瓷器，果实，锡薄等。[②]

这一时期，与广东毗邻的福建，其港口福州和厦门的主要输出品均从手工制品转向农副产品，瓷器的出口量远远落后于其他物品，仅有广茂隆、泰祥、益安三家专门"办理漳泉两府所属之石码、同安、德化出场的陶瓷器，向南洋及（中国）台湾等地输出"的"碗郊"。[③]德化瓷商办理陶瓷出口业务等待时间变长，产品出口受到限制。一些德化瓷商看到潮州陶

---

① 饶宗颐总纂：《潮州志》，潮州：潮州市地方志办公室，2005年，第1166页。
② 谢雪影编著：《潮梅现象》，汕头：汕头时事通讯社，1935年，第49页。
③ 据日本《支那省别全志》第14卷"福建"第9编第2章，及陈文涛《福建近代民生地理志》第1编第6章，转引自林仁川：《福建对外贸易与海关史》，厦门：鹭江出版社，1991年，第285页。

瓷产品通过汕头港源源不断销往海外，为谋求生计，也不惜远路将产品运往汕头，再进行外销，以扩大出口盈利。[①]

可见此时，位于韩江出海口的汕头埠已初具规模，逐渐成为粤东、闽西、赣南商业贸易的主要集散地。

当时，经汕头外销的土特产等货物中，潮州陶瓷占很大的比例。潮州属下的枫溪、高陂、九村和府城内是潮州陶瓷的主产地，其外销的产品各具特色：高陂、九村以青花瓷为主；府城内以釉上五彩为主；而枫溪的陶瓷产品主要有大窑五彩、青花、色釉和雕塑瓷等。

表 1–1 为 1865—1930 年汕头海关对陶瓷的外销额统计。

表 1–1　1865—1930 年汕头口岸出口外洋陶瓷统计表

| 年份 | 品种 | 数量/司马担 | 价值/元 | 品种 | 数量/司马担 | 价值/元 |
|---|---|---|---|---|---|---|
| 1865 | — | — | — | 瓷器 | 13 905 | 69 525 |
| 1870 | 陶器 | 3 081 | 11 551 | 粗瓷 | 3 879 | 14 616 |
| 1875 | 陶器 | 20 749 | 8 360 | 粗瓷 | 2 398 | 3 362 |
| 1880 | 陶器 | 17 044 | 10 737 | 粗瓷 | 7 551 | 17 161 |
| 1885 | 陶器 | 49 659 | 28 306 | 粗瓷 | 5 008 | 7 763 |
| 1890 | 陶器 | 56 239 | 27 941 | 粗瓷 | 3 886 | 6 248 |
| 1895 | 陶器 | 79 670 | 42 976 | 粗瓷 | 6 746 | 11 259 |
| 1900 | 陶器 | 91 383 | 52 678 | 粗瓷 | 15 049 | 63 983 |
| 1905 | 陶器 | 96 755 |  | 粗瓷 | 22 559 |  |
| 1910 | 陶器 | 145 831 |  | 粗瓷 | 46 374 |  |
| 1915 | 陶器 | 151 304 |  | 粗瓷 | 75 033 |  |
| 1920 | 陶器 | 71 093 |  | 粗瓷 | 165 799 |  |
| 1930 | 陶器 | 19 725 |  | 粗瓷 | 115 707 |  |

注：表中的陶器主要为细陶，粗瓷主要为高陂粗碗。

根据表中数据：1915 年陶器出口量达 151 304 司马担，1920 年粗瓷出口量达 165 799 司马担，可知 1920 年之后潮州瓷器外销量高于陶器，说明高陂瓷业改良获得成功，产品生产规模提升。加之枫溪使用飞天燕瓷土，

---

① 参见陈丽华：《清代民国时期向潮汕移动的德化瓷商》，黄挺主编：《第七届潮学国际研讨会论文集》，广州：花城出版社，2009 年，第 72–83 页。

有效地提高了细瓷的质量，扩大了生产规模，潮州地区瓷器总体的生产规模和外销数量均得到大幅提升。

汕头开埠，无疑为潮瓷的发展提供了新的市场渠道。在欧风东渐与文明商战之秋，枫溪窑业的有识之士接受新观念，认识到商业竞争的重要意义，合力振兴枫溪陶瓷业。如1912年，吴源兴、章安顺、吴清泉、吴宝合、吴仁记、吴乔钿、吴道记、章永成堂、吴龙记、吴发利、章瑞兄、章协利、吴安顺、吴坤记、吴益记、吴长记、吴德记、章娘保18家窑厂，合力共创"新兴埠股份"27份，集资建筑老窑1条，新窑1条，并窑厝29间，除议明"各股份日后如有更易，不得赔当出股外人，庶不负创业诸人"外，还议明"缶出入窑无论经何号地方经过，须自将路道修通，否则，如有撞破系该号自误"（见图1-1）。合股书体现潮州地处沿海，得风气之先，对西方近代化的先进工商业先知先觉。枫溪陶瓷业者怀揣着"实业报国"的情怀，以规范管理组建合股经营，体现了同心合力的创业精神。此外，由合股书也可知当时西塘乡人已到枫溪乡合资创业。

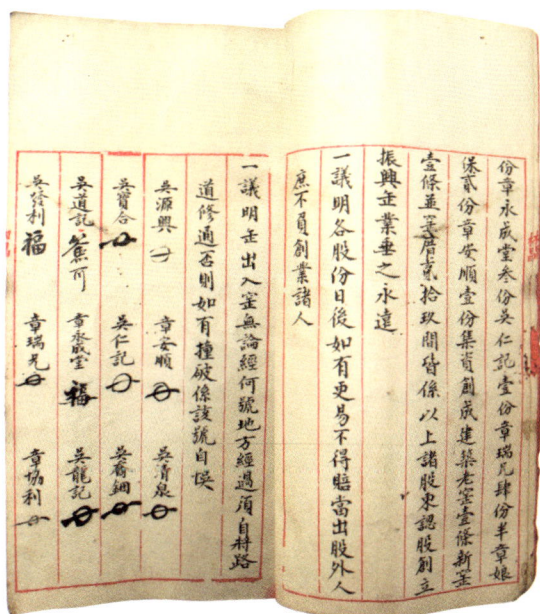

图 1-1　合股书（局部）

## 二、潮瓷运销方式的转变

汕头对外通商后，火轮的出现促进了潮瓷销量的提高，也改变了潮瓷的运销格局。潮瓷依靠便利的交通运输，以汕头港为枢纽，销售至海内外各个地区。

### （一）交通方式的变革

潮州府汕头港对外通商后，英国印度支那航业公司、英商中国航业公司、日本大阪商船会社和德国雷特公司等远洋航运公司的船舶相继出入汕头港。[1]此后，帆船逐渐被火轮代替，商人通过轮船经营远洋和近海运输，往来船舶日益增多。依据潮海关档案记录统计，1870—1930年，汕头港往来外洋海轮从400艘次渐增至近4 000艘次。[2]到20世纪20年代，每年有四五百艘中外汽船在汕头港停泊，总货运量约20万吨。[3]

近代汕头港的兴起促进潮瓷的发展。汽轮的到来，使汕头与本国沿岸各省及南洋群岛交通日渐便捷。以汕头至南洋的海上船程为例，采用木帆船需要一个月，采用汽轮则只需一周。显然，汽轮的出现，不仅活跃了临港乡镇的经济，还发展了陶瓷手工外销产业。《潮州志》载："适近代南洋交通畅达，日用粗瓷大旺"，"潮州陶瓷产品，除销行当地外，运销出口尤多，计至广东南路一带，闽、浙、京、沪各地，又至（中国）香港及暹罗、安南、南洋群岛等处"。[4]

枫溪与汕头港相距仅30多公里，是传统陶瓷产地，枫溪瓷业正是搭上汕头港这一顺风车才得以发展的。在海内外市场的刺激下，枫溪兴建了几十座平地龙窑。茶器作为枫溪日用瓷一大品种，也得到迅速发展。

同时，1906年通车的潮汕铁路，对瓷土运输起到非常大的促进作用。

---

[1] 饶宗颐总纂：《潮州志》，潮州：潮州市地方志办公室，2005年，第1169页。
[2] 表（一）"1860—1931年汕头口岸进出口船舶艘次及吨位次统计表"，载中国海关学会汕头海关小组、汕头市地方志编纂委员会办公室编：《潮海关史料汇编》（内部资料），1988年。
[3] 谢雪影编著：《潮梅现象》，汕头：汕头时事通讯社，1935年，第80页。
[4] 饶宗颐总纂：《潮州志》，潮州：潮州市地方志办公室，2005年，第3335页。

飞天燕瓷土矿位于桥东东津，开采后由航船运输到韩江对岸北堤头的潮汕铁路站（今凤山军营），而后通过火车运至枫溪站，再由人工两轮板车运至各作坊和涂店①。这种运输方式大大提高了运输效率，促进了薄胎高温瓷器的大量生产，同时也提高了瓷质茶器胎釉的质量。

## （二）运销格局的转变

汕头开埠前，本地的陶瓷商行都集中在潮州府城。除西郊的枫溪外，大埔高陂和饶平九村生产的陶瓷也通过韩江顺流而下，源源不断地运至府城东平路、竹木门一带经营陶瓷的碗行。但是，由于汕头埠位于韩江、榕江、练江这三条潮汕地区主要内陆航道汇聚处，又具备良好的深水港条件，地理条件比潮州府城更加优越，所以汕头海关开关之后，很快便取代了潮州府城在韩江流域的运销中心地位。

潮汕各瓷区所产陶瓷，或由汕头转口运至广州、上海、香港等商埠，或直接从汕头港运至新加坡、槟城，再转至东南亚各国。原枫溪、高陂的陶瓷业者，部分资本较为优裕的，直接在汕头开设商行货栈，其余则成为汕头的供货商。

汕头埠繁荣的商务往来促进了潮瓷产销量的发展。民国初期，潮瓷经营最高峰时，"潮梅（潮安枫溪及梅县、大埔高陂等）瓷器出产，经汕头出口者，每年值500万元，枫溪瓷为最多"②。

下面对枫溪、高陂、九村三大陶瓷产区产品的运销方式进行介绍。

枫溪位于潮州府城西郊，陶瓷产品主要从几个码头运出。陶器粗缸在三利溪长美码头装船，瓷器细缸则由三利溪枫溪宫前洋装船，直往汕头港。③也有一些外销瓷器从枫溪肩挑运送至府城下水门外或上埔的韩江码头上船，运至澄海东里樟林港装上外轮。当时，销往欧洲的货物俗称"红

① 潮州方言，即售卖胎土的店铺。
② 谢雪影编著：《潮梅现象》，汕头：汕头时事通讯社，1935年，第122页。
③ 三利溪是宋代的人工河，引韩江水过南门涵，汇北濠水，经陈桥、云梯迂回入枫溪向徐厝桥汇合西山溪，境内全长5.5公里（三利溪和西山溪），古可通航，是沟通潮、普、揭等县的重要水上通道。"秋夏间，揭、普之舟常泛城外"，"南连西厢之枫溪汇三利溪之水以通普揭之商船"，即指西山溪及三利溪（旧道为过徐厝桥折南顺浮洲园出海沟汇合西山溪）。

毛货"，销往东南亚的货物俗称"番仔货"。枫溪瓷器用高约 1.5 米、直径 1 米的大竹筐包装。装瓷时，工人在竹筐里先垫上稻草，然后装上一层瓷器，撒上一层谷壳，谷壳上面再加一层稻草，再装上第二层瓷器……直至瓷器装满，再用竹匾盖上，并以竹绳缝封。竹筐顶上编有两个半圆系扣，可穿上扁担，供两个人抬运装船。[1] 枫溪宫前洋码头和长美码头停泊着往来于汕头、揭阳的木船，船身窄长，俗称"枫溪条"。这种船长 7~8 米，宽约 1.5 米，只可并排放两个大竹筐。船头船尾各一船工划撑，顺着溪流行驶，较为省力。一般为货物装船后，待退潮随流行驶至玉窖，暂宿一夜，次日另一次退潮时，继续行驶。船经中离溪后从举丁关到达汕头港，也可从揭阳枫口经榕江到达汕头港，全程需两天。枫溪条载货到达汕头后，停靠在西港船坞。西港附近的太古港专门停靠外国轮船，这里的火轮直接到达香港、广州、上海等地。[2] 枫溪条装载瓷器，或者通过俗称"大五肚"（有五大隔板的大木船）的驳船装上外轮出洋，或者卸入汕头太古、怡华等商行的货栈，等候中转其他地方。

高陂及其毗邻的各山区乡镇蕴藏大量优质瓷土矿，瓷器生产历史悠久，是大埔、饶平一带陶瓷产品的集散地。高陂位于韩江中游，背靠大山，水路交通极其便利，溯江而上可达江西、福建，顺流而下直抵潮州、汕头。陶瓷商人利用高陂临江的水上交通优势，开设碗行、瓷庄，发展瓷业经营。高陂瓷商大部分将产品用小船运往东陇，在东关税厂付了常关税之后，用小船将瓷器运往澄海樟林港，不经海关直接装上帆船，运往中国沿海各地和法属的印度支那。另外，还有一小部分的瓷器通过汕头港的轮船运载出口。

九村位于饶平北部山区，对外交通不便，但与高陂相距甚近，只有 20 多公里山路的距离。一直以来，这一段山路上存在一个苦力行当——挑夫，俗称"担高陂"。挑夫们把九村生产的陶瓷产品挑运到高陂，又将高陂的土纸、油盐挑回九村，非常辛苦。高陂的瓷商收购九村陶瓷之后，将

---

① 根据三代行船、14 岁即随父船运的邱炳木口述。
② 李炳炎：《枫溪潮州窑（1860—1956）》，广州：岭南美术出版社，2013 年，第 51 页。

其与临近乡镇的产品一起混合销售，九村瓷器就这样通过高陂输出。

## 三、海内外市场促进下的潮州茶器

汕头开埠后，由于交通条件改善，潮州的东南亚移民人数迅速增加，中国与南洋商事也快速活跃。《新加坡风土记》载，"华人住坡，户口最难详确。光绪七年（1881）英人所刊户口册云，……潮州二万二千六百四十四人"，占新加坡华人总数86 766的26.1%。[1]《潮海关史料汇编》统计，1873—1934年汕头港出国旅客人次为5 348 061，回国人次为4 223 813。另1936年《侨务月报》载"有汕头出口侨民计298万余人，归国人口侨民计146万余人"，即1904—1935年，从汕头港乘轮船移居海外谋生的潮人达300万人次，其中很大一部分移居泰国。移民潮催生了一个人口量巨大的海外潮人社会，这也是潮州陶瓷外销的大市场。

潮州是中国茶文化的发源地之一，境内的凤凰山乌岽顶海拔一千多米，终年烟雾缭绕，盛产茶叶。《清朝野史大观》载："中国讲究烹茶，以闽南之汀、泉、漳三府，粤之潮州府工夫茶为最。"茶器是泡茶的必备之物，潮州人习惯使用的茶器为陶瓷器皿。潮人对工夫茶具极为讲究，近代富贵人家崇尚使用宜兴产的紫砂茶具（宜兴位于江苏，故也称其茶具为苏罐），一般人家则多使用本地产品。

潮州工夫茶器一般崇尚"壶要朱、杯要白"，即壶以朱红色为佳，杯以白瓷（也称白玉令）为主。茶具为潮州人家居必备的器物，人们对其品质的要求依家庭情况而定。潮州工夫茶器中最基本的壶、杯、锅、炉被称为"工夫茶具四宝"（见图1-2）。

这些茶具及饮茶习俗也被移民带到移民地，代代沿袭，潮州文化随之在东南亚传播。东南亚市场的茶具、咖啡具也成为潮瓷外销的主要品种。

这一时期，潮州茶器产品在本地市场也有着较为突出的表现。

---

[1]　李宏新主编：《潮汕史稿》，汕头：汕头大学出版社，2016年，第898页。

图1-2　工夫茶具四宝

　　一方面，在海外事业有成的潮人，怀着回报家乡之心，将赚到的钱寄回家乡置产立祠，竞相"起大厝、建祠堂"。潮州兴起宗族祠堂及私人府第的建设，其中包括传统中式庭院，如四点金、下山虎、驷马拖车。"潮州厝，皇宫起"这句俗话道出了潮州民居建筑宏伟的规模和豪华的装饰。这一时期的知名建筑有建于同治九年（1870）的从熙公祠，建于光绪十三年（1887）的己略黄公祠，修于清末的甲第巷资政第以及建于宣统二年（1910）的澄海陈慈黉故居等。经济、文化不断发展，民居、庙宇的兴建，饮茶之风盛行，使潮州进入了"同光中兴"的繁荣时期，其时陶瓷产业的兴旺也带动了潮州茶器的发展。

　　受西方文明影响，潮州、汕头本地很多新兴建筑、家具都使用洋花造型装饰，西式风格的茶具、餐具等日用器一度风靡于上流社会，引得枫溪陶瓷业者争相模仿。枫溪所生产的仿洋陶瓷器，不仅在枫溪本地大受欢迎，还销往中国香港及南洋等地。

　　另一方面，经过明、清两代的积淀，近代潮州民间文化习俗已趋成熟，给茶器带来了发展的良机。"游神赛会"和各种宗族祭祀活动，各有不同的文化风俗，但有一点相同，就是都必须循例祭拜祖宗。在祭拜祖宗时，需要一套精美的敬茶器具，以表示对先祖的尊敬、感恩。此外，祭祀过后，一般都会有亲友聚会，主人会在宴会前后冲泡工夫茶，供客人饮用。

庭园式家居的涌现和民风民俗的兴盛，推动工夫茶的再次兴起，怀古的工夫茶饮风靡于社会各阶层。金武祥在《海珠边琐》中写到："潮州人茗饮喜小壶，故粤中伪造孟臣、逸公小壶，触目皆是。"富有人家、士大夫对茶具的选用十分讲究，连横在《茗谈》中说："茗必武夷，壶必孟臣，杯必若深，三者为品茶之要。"

在市场的作用下，枫溪陶瓷业者于传统壶、杯、锅、炉的基础上不断增加工夫茶具的种类，并在实用性和观赏性上加以创新。茶船（茶洗）便是这一时期的产物。它综合了茶盘与水钵的优势，合二为一，既具有盛放废弃渣水的功能，又大方美观。长腹盖罐壶、长腹执壶虽与水钵一样都具有储水的功能，但长腹盖罐壶腹部一般有铜质水龙头装置控制水流出，而倾倒长腹执壶便可出水，相比之下，水钵需借助勺子舀水，略显烦琐。新出现的茶船、长腹盖罐壶并没有完全取代原有的茶盘、水钵，而是并存，供茶客自由选择使用。

此外，潮阳流溪潮盛号生产的红泥炉以书卷对联作装饰，联语为"潮语忠言炉非假货，盛情美意茶是真夷"。联语内容对仗风趣，既是产品广告，又透露出当时崇尚饮用武夷茶的饮茶习惯。这种红泥小炉设计巧妙，与薄锅仔完美配套。

清后期，工夫茶成为海内外潮人不可或缺的日常饮品，工夫茶的风行带动了工夫茶器的需求，其他地区的陶瓷业者也纷纷加入了竞争行列，茶器产品种类不断丰富。潮州茶器出现了系列化，进一步推动了饮用工夫茶的风潮。这一时期，枫溪大路顶红罐铺内制壶艺人吴英武因生产孟臣款造型的小茶罐而知名，被业界称为"吴孟臣"，他与族人创办的"源兴号"手拉朱泥壶一直延续至今，是枫溪朱泥壶的著名品牌。

一泡好茶，除了精致齐全的茶具，也离不开好水。潮人饮茶首选活泉水，如西湖处女泉泉水。清末爱国诗人丘逢甲（1864—1912）在潮期间曾作《潮州春思》一诗："曲院春风啜茗天，竹炉榄炭手亲煎。小砂壶瀹新鹩嘴，来试湖山处女泉。"此诗描绘了春日在潮州西湖处女泉边烹饮工夫茶的情景。王玉岭先生创作的品茗图表现的也是这一景象。井水也是工夫茶客的烹茗源泉之一。美中不足的是，井水虽有消热解毒的功效（中医认为），但杂质较多，故茶客大多用水钵或长腹盖罐壶储水，过滤杂质后再使用（现存茶具传世品中，也以水钵数量最多）；也有一些茶客以陶缸储水，缸内装木火炭、韩江溪沙等用来过滤，缸下腹装设龙头取水（待一定时间后再将溪沙取出，漂洗后可继续使用）。

清末民初，潮州瓷质茶具多彩绘五彩、蓝彩，纹饰以山水、人物、花鸟为主，彩瓷艺人多为一专多能的画师，他们将传统国画的笔法、构图、民间优秀的工艺图案以及地方戏剧的装饰特点融入彩瓷彩绘，使得潮州瓷质茶器的彩绘技法更为精细，构图更为完整，题材也更为广泛。题材有人物、花鸟、虫鱼等，也有象征福气、长寿、品格高洁的蝙蝠、团鹤、莲花等；主要的画法有工笔、意笔、兼工带写等，无不体现出潮州茶器独特的艺术个性。

陶质茶器是工夫茶的主角，其中朱泥壶最为知名。陶质茶器的生产集中于枫溪大路顶及西塘一带，源兴、安顺等多家作坊均有制作。产品造型较清早中期丰富，有传统工夫茶小壶如水平壶、梨形壶、文旦壶、思亭壶、美人肩壶等；还有传统的直腹（形如洋铁皮桶，俗称"洋桶壶"）软提梁壶及配以多孔茶胆球形壶的贡局款软提梁壶（俗称"寿星壶"）。

近代汕头港对外通商后，潮瓷营销中心从潮州府城逐步迁往汕头埠。那里便利的商品贸易、海运、结算等，促进了潮州茶器产品的外销。随着大量潮人下南洋，饮茶习惯也被带至当地，带动了茶器、咖啡器具产品在东南亚的销售；潮人在海外经营事业有成后，又回到家乡"起大厝、建祠堂"，庭园式家居的出现和民风民俗的兴盛，也再次推动工夫茶的兴起，促进茶器市场的进一步扩大。这一时期，潮州茶器因其精美而独特的地方特色广受海内外市场的欢迎。

# 第二节　洋瓷倾销与潮瓷质量改良

在全球化背景下，欧洲、日本洋瓷向世界市场倾销，潮瓷在国内外市场均受到强烈的冲击。一方面，枫溪、高陂、九村三大陶瓷产区克服种种困难，满怀"振兴国货，挽回利权"的斗志，通过提高产品质量，奋力展开与洋瓷的市场竞争；另一方面，二十世纪二三十年代，潮州社会相对安定，同时在海外侨资的帮助下，建立了太平路商业街。铺户的兴起，"坐商"成为主流，促进了陶瓷业的发展。海内外潮商交流密切，商业繁荣，饮茶之风兴盛，潮州茶器行业得以迅速发展。

## 一、欧日洋瓷的市场影响

18世纪，欧洲、日本通过对中国陶瓷生产工艺的长期观察、研究，逐步掌握了瓷器生产技术，并在此基础上利用先进的工业机械，对瓷器生产原料及技术进行创新性研究，创造出了物美价廉的新品。

18世纪80年代后，英国停止进口中国瓷器。由于造瓷技术的改进与社会风尚的转变，欧洲流行希腊、罗马式的"复古"风潮，传统的中国瓷器丧失了欧洲市场。之后，欧洲瓷器制造技术不断提高，市场不断扩张，生产的希腊、罗马式贴花纸和骨质机器瓷逐步倾销到亚洲。

地处亚洲的日本手工工厂主要集中在传统工业部门，绝大多数在农村。19世纪80年代，日本在英国工业革命的影响下，掀起了一场"物产改良运动"，不少传统生产工业实行了技术嫁接，从手工生产转向动力机械发展。日本的陶瓷业在"物产改良运动"的促进下，机械化水平得到了提高，引入机制、贴花纸等欧洲技术，大大提高了陶瓷产量。但也因为对世界市场的依赖，其产品必须大量出口才能继续维持生产，于是中国和东南亚各地成了日本陶瓷的倾销地。

中国自古以来就是农业大国，历代虽有精美绝伦的工艺制品出现，但其生产都是为了服务上层统治者，生产规模小，生产技术未能普及。这种不计成本、追求极致艺术效果的制作，更着重于对技法的继承，以手工制作体现每一制品的艺术个性。康熙到乾隆时期，这一特性的手工业发展到顶峰。嘉庆、道光之后，西方工业革命大步推进，中国却还沉浸在天朝大国的美梦中，生产停留于传统手工制作，输在了机械工业发展的起跑线上，失去了与外国进行工业技术竞争的机会。

潮州与全国其他瓷产区一样，陶瓷生产工艺仍沿用传统手工制作，造型上以手工拉坯成型，纹饰由手工彩绘。例如，枫溪大窑蓝彩折枝花卉图案纹折沿盘，采用支钉烧，"陶真玉造"四字楷书印款与日瓷贴花纸装饰效果非常接近。产品虽具有工艺个性，却缺乏标准，难以规模化。还有像瓷砖一类的制品，因没有机器设备，手工业难以规范制造，加之手工制作成本过高，难以与洋瓷竞争，因而潮州瓷器茶具产品的生产也受到了一定的影响。但潮州朱泥壶因工夫茶盛行而成为民众的生活必需品，加上它独特的成型工艺，使得洋瓷茶具无法取替其地位。这一时期，本地和外销市场的需求促使陶瓷作坊大规模生产朱泥壶，并催生出了一批专业的制壶作坊。

枫溪吴英武于大路顶创立的源兴号及枫溪西塘章大得创立的安顺号，便是当时较有代表性的朱泥壶生产作坊。吴英武于道光年间创办"源兴号"红罐铺，主要制作工夫茶壶，早期生产传统的孟臣款朱泥小壶，之后他不断创新茶壶造型，提高产品质量。目前在传世品中，把印盖上"英兴"名号款，应为吴英武所制精品，"英"为英武之名，"兴"为源兴之号，"英兴"为两者的组合。受其影响，当时生产瓷器茶具的作坊多在产品上留下作坊名称，枫溪的源兴、万兴、安顺、怀德等朱泥壶坊也推出自家品牌，带动其家族及临近作坊相效。壶的款识有把印、底印，把印一般为名记款，底印多为家族作坊号款，也有底款为家族作坊号款、仿苏罐款。款识方便了商品流通和客户订货，也体现了作坊对品牌的注重。枫溪名壶坊的出现，说明潮州朱泥壶已得到海内外市场的认可。

但总体上看，潮州陶瓷业还是不可避免地受到打击。在市场低迷的形势下，为了扭转陶瓷生产工艺落后的局面、恢复市场，潮州陶瓷业界和地方经济决策者开始着力于潮州陶瓷生产技艺的改良，提高产品质量。

## 二、陶瓷产品的质量改良

20 世纪 20 年代，高陂瓷商成立瓷业研究会，枫溪也组织了陶瓷研究社。1920 年，高陂瓷业研究会成立，研究会选派青年留学日本，专科攻读现代瓷器制造。[1] 这一年，潮梅镇守使刘志陆创办"潮梅陶瓷工艺厂"，拨出一部分资金在高陂平原村探涧寮开设窑厂，改良生产工艺，制造精品细瓷。潮梅陶瓷工艺厂在大埔瓷区内推广应用陶瓷刻花工艺、陶瓷雕塑工艺、石膏模型注浆成型法和辘轳旋坯成型技术，同时研发出釉上彩瓷工艺。这种釉上彩瓷工艺在大埔得到大规模的应用及传播，被誉为"高陂新彩装饰工艺"。当时，石膏模型注浆成型主要为海棠形、方形、圆形等薄胎茶盘，并以釉上彩绘装饰。

20 世纪 30 年代，枫溪为培养专业人才，引进职业技术教育模式，于"二十年（1931）间，金山中学特增陶瓷一科于枫溪吴氏宗祠，以从事技术改良之讲习"[2]。陶瓷科的设立，传播了先进的工业陶瓷制作技术——半机械化生产和陶瓷注浆、印花等工艺，有效地提高了陶瓷产品的产量和质量。

此外，还有一些较大商号的决策者为了打开销路，请专业人士指导并对作坊工人进行技术培训，以提高产品质量。枫溪于"二十三年（1934）曾聘德国技师前至考察，而谋改进"[3]。通过加强生产技能的培训，枫溪已能够生产精细幼瓷，瓷器品种日趋多样化，茶具产品质量更加精致，市场竞争力也越来越强，而高陂瓷业也有进步之势。二和瓷厂生产的薄胎白玉令杯，洁白透明，薄似蛋壳，每个白玉令杯重量仅有 9~10 克，具有较高

---

[1] 饶宗颐总纂:《潮州志》，潮州：潮州市地方志办公室，2005 年，第 3339 页。
[2] 饶宗颐总纂:《潮州志》，潮州：潮州市地方志办公室，2005 年，第 3339 页。
[3] 饶宗颐总纂:《潮州志》，潮州：潮州市地方志办公室，2005 年，第 3339 页。

的工艺水平，呈现出独特的艺术魅力。民国二十三年（1934）美国商人曾
到该厂考察和订货，其产品远销到美国、日本、泰国、缅甸、马来亚等国
家和地区。①

在陶瓷从业者的努力下，潮州陶瓷产品的质量改良取得一定的效果，
陶瓷产品有了进一步的发展。胎釉方面，枫溪明清时期采用登塘瓷土，烧
制温度较低，产品釉面白中泛黄。清末民初之后，飞天燕瓷土矿的发现、
利用，提高了枫溪陶瓷产品的质量和档次。因飞天燕瓷土可耐高温烧造，
使得产品釉面更显洁白温润。飞天燕瓷土挖出后，要先从矿区挑运到东津
过秤计量，用轮船装载溯韩江到赤凤松水加工成瓷粉，再运回潮州南门打
索上埔码头起货，雇挑夫挑卖至枫溪瓷厂，经淘洗成瓷泥。②

潮瓷改良中更为重要的是釉上彩、大窑五彩、青花红绿彩、新彩、喷
彩、贴花等装饰工艺大量应用于陶瓷生产。

（1）釉上彩。如胭脂红彩，民国时期大量将之应用于茶具装饰上。
胭脂红的渲染彩绘使红色的画境与白瓷交相辉映，明净匀艳，娇嫩欲滴，
营造出亦真亦幻的境象。高陂与枫溪部分茶具虽均采用胭脂红彩装饰，但
仍有所区别。以高陂合成（昌）款胭脂红"高松参天"山水纹花口平底茶
盘和枫溪同如造款胭脂红山水纹平底茶盘为例③，两者都将山水作为表现
主体：前者烧造温度高，薄胎，瓷化强度高，彩料发色鲜艳，体现了高陂
薄胎烧造水平；后者中温烧成，厚胎，釉面白中泛黄，彩料发色灰淡，可
知枫溪仍沿用清代传统的中温烧造方法。两者各自满足了不同的市场消费
需求。

（2）大窑五彩。在西方工业文明的影响下，潮州陶瓷业在传统彩瓷
基础上，紧跟消费时尚步伐。1920年开始，枫溪、高陂陶瓷业者逐渐采用
经香港引进的日本产中温彩料"圆子"牌红色料（俗称"圆子红"）和二

① 杨云山编著：《大埔陶瓷》，广州：广东人民出版社，2008年，第230页。
② 刘裕民之子刘坤桂先生口述，采访时间：2011年3月12日、3月15日下午，采访地点：潮州市下津盐埠刘坤桂家。在场人：刘永秋、沈海原。
③ 详见李炳炎：《潮州窑历代茶具》，深圳：深圳报业集团出版社，2016年，第29页。

绿等色，或选择从欧洲进口的"双马牌"陶瓷彩绘洋料，生产欧日市场流行的色彩艳丽的彩绘产品，创烧了枫溪大窑五彩。

（3）青花红绿彩。高陂和九村的瓷业在这一时期也有出色的表现。陶瓷业者在传统青花瓷和釉上彩的基础上，从广州、香港的陶瓷商行购进钴蓝、钴青、玛瑙红等外国彩料，创烧了青花红绿彩，使高陂及九村的彩绘瓷有了自己的地方特色。这种装饰工艺的出现使高陂及九村的彩绘瓷茶具产品成为潮瓷的重要品种之一。彩绘瓷茶具的茶壶以高温还原焰烧成，胎质洁白，造型以大提梁壶为主，中小茶具次之。

（4）新彩。近代之后，大埔与其他陶瓷产区一样，采用国外陶瓷化工颜料代替原来国产原料进行釉上彩，即用颜料在白瓷上描绘纹样，低温烤烧而成，呈色艳丽，五彩缤纷。这种产品称洋彩，也称新彩。

（5）喷彩。喷彩也称喷花，是彩瓷装饰方法的一个品种，广泛应用于茶具、帽筒、盘、碗。民国初期，海外彩瓷旺销，枫溪彩庄为提高生产效率而采用喷彩方法。

（6）贴花。近代的贴花技术，花纸都是单色的，色彩单调，图案有蓝鹤图、绿花卉等，工艺较粗糙，但在一定程度上提高了生产效率。

这些工艺的应用，丰富了潮州茶器的装饰效果，使其呈现独特的艺术风格，赢得海内外消费者欢迎，占领市场份额。此外，为与洋货展开竞争，潮瓷产品也新增了符合异国审美趣味的造型和装饰题材，在提高生产效率的同时也丰富了茶具产品的文化内涵。

## 三、借力民族运动和陶瓷业同业公会

1919年，巴黎和会中国外交失败，国内爆发了五四运动。5月6日，汕头《公言日报》发行《五四号外》，汕头及潮州各县学生纷纷响应支持北京学生运动。6月14日，在进步青年杨石魂、方临川、方思琼（方方）等主持下，岭东学生联合会于汕头华英学校成立，会后游行，高喊"取消二十一条""拒绝和约签字"等口号。洋务工人对日罢工，黄包车工人拒绝拉日本乘客，商界组成"振兴国货会"，群起抵制日货。9月13日，汕头市首次焚毁了一大批日货。① 枫溪、高陂的陶瓷业经营者也纷纷加入抵制日货的行列，组织地方产品销往广州、上海、香港等地。

中国人民的民族观念不断增强，进行了一系列反对西方国家侵略的斗争。提倡国货、发展民族经济成为近代国人表达民族主义情绪和爱国热情的方式。在此风潮影响下，枫溪陶瓷产品也多以"请用国货""提倡国货""改良国货"等爱国口号呼吁国人购买产品，一来实业报国，二来扩大市场份额。如釉上彩鱼藻纹"改良瓷品"花口茶盘、荣利制"提倡国货"红绿彩花卉纹盘，都体现出陶瓷业者改良陶瓷质量的决心及爱国之情。

1928年，日军在济南枪杀国民政府山东交涉公署蔡公时和17名工作人员，并在济南城内肆意焚掠屠杀，制造"济南惨案"（也称"五三惨案"），无辜民众死难者超6 000人。此法西斯行径震惊全国，激起人民的愤怒和抗议。当时，国民党汕头机关的宣传部门要求所有商会抵制日货，并对私自运输、销售日货的商家进行惩罚，这使得此后三年，日本在华企业经济损失惨重。1928年8月，汕头中山公园建成开放，汕头"对日经济绝交委员会"在园内建设"济南惨案"纪念亭的倡议获批准。纪念亭于次年年底完工，碑上刻文缅怀"济南惨案"烈士。同一时期，潮州枫溪生产一批杯碟茶具，在碟面上以蓝彩写上"对日经济绝交到底"，底款为"潮州商店出品"。（见图1-3）

图1-3 潮州商店出品款"对日经济绝交到底"蓝彩文字纹盘

① 陈汉初、陈杨平：《汕头埠图说》，北京：中国文史出版社，2009年，第334页。

这批产品销往全国各地，起到很好的宣传作用。

为抵制日货，不向日本购买彩料，潮州化工经营业主张若眉便向人求教英文，阅读英文书籍，研制出了釉上彩料，以与外货相抗衡。枫溪大窑五彩圆子红（锡红）、绿色（也叫维多利亚色，分大绿、二绿，二绿加氧化钴成大绿），国内也能生产这些常用的颜料色，基本上实现自给自足。

振兴国货成为当时的社会风潮。当时很多洋货商标都是以鹰球为主，意为象征欧美的雄鹰主宰地球，国人则以鹤球商标进行反击，以象征长寿的松树、仙鹤立于地球之上，祈望国货像松鹤常青，永葆活力，图案两侧以"提倡国货，挽回利权"这种民族主义话语提倡国人消费国货。

1931 年 5 月，日本商人瞒租汕头市商业街尾海坦地抢筑码头，全市人民得知消息后奋起反抗，集会示威，使这一工程被迫停工。1931 年 9 月 18 日，日本关东军挑起事端，制造了震惊中外的"九一八"事变，全国人民反日情绪高涨，同仇敌忾，各地纷纷成立抗日救国组织，并提出"抵制日货"的口号，海外华侨也大力声援。"九一八"事变发生后，潮州人民反日爱国运动更加高涨，"全市人民群起抵货"，使日货销售受到严重影响，日本商人"收盘回国者为数颇多"，潮州陶瓷业仅枫溪瓷区"每年至少有八十余万元之收入，乡民喜形于色"[①]。到 1932 年 1 月 18 日，日本帝国主义进攻上海后，汕头的"抗日怒潮，更为浩荡"，日本商人不得不大批回国。1933 年下半年，日本在汕头只剩下十余家资本较大的公司而已。随着资本主义工业竞争日烈，"日人之精制品既不能与外国人媲美，而粗制品又不敌我国"，日本货也只能"供给旅汕日人之应用而已"[②]。这一系列事件改变了清末民初以来，欧洲、日本日用瓷对中国及东南亚大量倾销的局面。国人的爱国行动改变了市场供求。

此外，汕头市陶瓷业同业公会的建立，对潮州陶瓷业的发展起了积极的作用。

光绪二十八年（1902），潮州府商会成立。这是继上海、宁波两商会

---

① 谢雪影编著：《潮梅现象》，汕头：汕头时事通讯社，1935 年，第 121 页。
② 陈汉初、陈杨平：《汕头埠图说》，北京：中国文史出版社，2009 年，第 334 页。

之后，与广州商会同时建立的地方商会。潮州府商会是清末全国最早建立的四个商会之一，得风气之先，从封建政体中"脱颖而出"，既是潮州工商业经济实力雄厚和对外贸易发展的产物，也是一批殷商巨贾所倡议的结果，体现潮商开拓进取的精神。

二十世纪二三十年代，潮州、汕头等城市逐渐发达，农村经济转变为城市经济，固定的商店和大资本出现。然而潮州陶瓷经营者长期处于农村经济下，习惯了小商小贩的经营模式，无法适应新的城市经济。在市场竞争下发展陶瓷业，陶瓷经营者需要认识、遵循市场规律，遵守政策法规进行营销，以提高潮瓷的竞争力。加之1929年，南京国民政府颁布新《商会法》与《同业公会法》，规定工商各行业均应组织同业公会，并加入商会。汕头瓷商公会在这一背景下应运而生，其成立对潮瓷的发展影响最大，对规范行业至关重要。

根据1936年8月8日汕头市商会提交给国民政府军事委员会资源委员会的"汕头市各类同业公会情形表"，可知当时参加汕头市陶瓷业同业公会的陶瓷商号有37家，会址设在南商公所内，由余可臣担任同业公会主席。①

汕头市陶瓷业同业公会的成立对当时的潮瓷外销发展影响最大。当时潮州各大窑口生产的外销瓷器都需要通过轮船外运，而陶瓷业同业公会垄断了汕头港所有轮船公司的陶瓷运载业务，并规定只有公会会员才能将货物装船外运，非会员则必须由会员代办船运，会员不能私自与轮船公司洽谈货运，违反规定者会受到严厉处罚等。这使得大商户不能通过抬高货运价格来垄断经营，保障小商户正常的商品运输，对促进陶瓷行业的公平竞争起到积极的规范作用。在20世纪30年代的国货运动中，商业同业公会作为商人的合法群体，在组织和领导商人积极投入到抵制外货、提倡国货

---

① "汕头市各类同业公会情形表"，见汕头市档案馆藏汕头市商会档案12-9-13，第48页。按照表格的记录，余可臣在同业公会中担任"职员"。这个唯一的职员应该是指公会主席。在1946年6月汕头市陶瓷业同业公会应政府要求重新组织选举之前，给市政府的函件就是由余可臣署名发出，其署衔作"汕头市陶瓷业同业公会主席"，应该是沿用抗战前旧称。见汕头市档案馆藏汕头市商会档案12-9-37，第11页。

的行动中也发挥了重要作用。

汕头市陶瓷业同业公会通过规范、自律提高会员的经营能力，又通过乡情乡谊增强商会凝聚力，提高潮州瓷商的竞争力，使其立足于市场，对潮州茶器等陶瓷产品的发展也起到了积极的作用。

## 四、南洋市场的开拓

在应对洋瓷倾销、对潮瓷进行质量改良的同时，潮州部分陶瓷业先行者奔走于海内外的陶瓷市场进行视察，亲下南洋开拓市场，吴子厚、吴潮川这两大瓷商便是其中的佼佼者。

吴子厚，清咸丰四年（1854）生于枫溪，光绪年间，授奉直大夫赏戴蓝翎潮州府税厂总办。受实业变革思想影响，吴子厚认为汕头港对外通商已成趋势，而枫溪是岭南知名的瓷乡，发展陶瓷业有一定基础，经商也能为乡民造福，遂决定弃官从商。在他的努力推动下，枫溪陶瓷产品畅销中国汕头、香港及新加坡、泰国等国家和地区二十多年，同乡陶瓷业者从事陶瓷经营获利多至一百多倍，吴子厚家族的经营同样取得巨大的经济效益，其家族在枫溪本乡属下有和成窑及作坊39间以及和成栈、佳成栈（合股），并拥有大量田地，在潮州城的永丰街、新华街等地拥有一批物业。其分号遍布海内外，如汕头陶生行、春成行，新加坡春城行、源兴行，马来亚马六甲源丰行。吴子厚每隔几年必视察海内外市场，按市场的变化调整经营策略，使企业经营立于不败之地。

清末，枫溪人吴潮川看到枫溪陶瓷质量粗劣、市场被外来洋瓷所占领的景象，遂"改良陶业倡其乡人。自潮汕逮南洋，皆设肆转运，以应社会需求，于是枫溪陶遂风行于遐迩"。[①] 吴潮川，人称"八爷"，设和祥栈于枫溪向南街，采购陶瓷制品，又在香港开设利丰亨行转口销售潮瓷，主要面向东南亚市场，并在暹罗开设分行。吴氏家族后来在越南、新加坡、暹

---

① 郑国藩：《似园文存》，潮州：1935年刊印，2013年广东省金山中学潮州校友会影印，第130页。

罗设分店，成为暹、叻、汕贸易圈上的富商。① 业务包括陶瓷、银庄、批局、房地产，在东南亚影响甚大，而在枫溪建有住家宅第"旧梅里"和"新梅里"，方便管理枫溪业务。吴潮川开创的陶瓷业后来成为潮商在港的主要行业之一，吸引大量的家乡人来港经营。

枫溪陶瓷业经历了前所未有的发展。吴子厚、吴潮川等人在海外接收陶瓷订单后便回家乡安排生产，并在枫溪、汕头、香港及东南亚建立了货栈，用于收购、中转、销售潮瓷。这种产销一体化的模式促使枫溪家庭式作坊迅速发展。

为满足海外市场的需求，潮州陶瓷业者们不断调整产品内容，如东南亚地处热带，潮州传统的小壶小杯已不能适应当地炎热的气候，加之当地盛行"大杯茶"饮法，潮州陶瓷业者便生产洋桶壶、寿星壶等宜饮用大杯茶和装凉开水的大提梁壶；还有专门出口泰国的蓝釉留白系列的茶壶、茶杯、水钵等，如蓝釉喷彩竹纹杯盖瓶，因泰国地处热带，苍蝇、蚊子等昆虫较多，当地人特别注重饮用水的卫生，故此瓶的特别之处在于瓶杯一体化，杯子也作为瓶盖，饮用时将盖子拿下当杯子，不用时又将盖子盖上，既卫生，又方便携带。直至当代，泰国的南邦陶瓷工业研究中心仍生产此造型的盖瓶作为礼品瓷，可见其在泰国的地位。泰国婚俗女子出嫁时必选购一对圆钮洋桶壶作为嫁妆，因此洋桶壶、寿星壶等软提梁壶的需求量逐渐增大，成为这一时期枫溪外销泰国的主要产品。又根据欧美国家喜饮咖啡、奶茶等的习惯，生产小执壶，另有日式柄壶等产品也得到海外市场的认可。

枫溪壶坊也按客户的要求生产君德、圆珠、文旦、水平等造型的朱泥壶，壶底有印款或刻款，内容有年号款、人名款、诗文款、图案款等，亦有盖贡局、萼圃、思亭、松柏青雨、孟臣等，也有盖上枫溪壶坊的名号款，如源兴孟臣、源兴炳记、源兴河记、怀德、安顺等。工夫茶壶的大小，视饮茶人数而定，有一杯壶、二杯壶、三杯壶等。这些作坊的出现，

---

① 陈荆淮：《从香港潮商沿革看潮汕人的经营特性》，《岭南文史》，1992 年第 3 期。

很大的程度上满足了粤东和闽南地区人们饮用工夫茶的需要。据 1935 年《潮梅现象》载，"潮梅瓷器出产，经汕头出口者，每年值五百万元，枫溪瓷为最多"[1]，其中茶具产品占了一定比例。

## 五、商业繁荣推动饮茶之风兴起

在第一次粤桂战争（1920—1921）后，潮州的社会环境已渐渐趋向平稳。在海外事业有成的潮人，相继在家乡投资商业、房地产等。1924 年，潮州的太平路与东门街、西门街均扩建成混凝土骑楼结构的大马路，沿街商铺近千家。这些店铺为二、三层的结构，沿用着"前店后坊、下店上房"的传统经营格局，同时又改造成洋式或中西合璧的新潮建筑，店铺面貌焕然一新。潮州太平路商业街成为市区的中心地带，百业具备，枫溪瓷厂区一批经济殷实的业户被吸引到城内置业经营，鋟刻、锡器、竹器、藤器等商家也纷纷入驻。例如，枫溪柯厝的柯忠耀到下水门街开办"春兴号"彩庄经营土碗[2] 等日用陶瓷。枫溪大宫前的吴合禧来到亲戚大弟伯所经营的西门街（今西马路）"玉顺"缸铺当帮工，当时的"玉顺"主要销售白缸、乌缸等粗缸，吴合禧因十分勤快而受到赏识，后来更是继承了"玉顺"号。

此外，1929—1936 年陈济棠取代李济深执掌广东。这一时期，广东偏安一隅，政治、军事、经济相对独立，经济出现比过去"繁荣"的景象。陈济棠制订和实施了《广东三年施政计划》和《救济广东农村计划》，着重稳定政治局面并从多方面开展经济建设。他提出"我民族欲谋复兴，则改进政治，发展经济，阐扬文化，实为当务之急"，[3] 并强调建设广东要突出"以经济建设为中心，一方面建设国家经济，一方面同时建设国民经

---

① 谢雪影编著：《潮梅现象》，汕头：汕头时事通讯社，1935 年，第 120 页。
② 土碗：土碗行经营地方土特产和日用陶瓷如盘、碗、汤匙等日用餐具，与新加坡的竹篾瓷器行经营品种类同，即竹木及陶瓷餐具等日用制品。
③ 《陈济棠研究史料》（广东省档案史料丛刊），广东省档案馆，1985 年，第 214 页。

济，以国家经济力量发展国民经济"。[1] 同时，他还大力推进公路建设以利产品运输，在其治理期间，"取消的苛税，属于省库方面的约有120多种，年纳约620余万元，属于县市地方的约150余种"。社会安定保证了潮州茶器生产的基本条件，经济繁荣也推动了饮茶之风的兴盛。

20世纪30年代中期，中国汕头、香港以及泰国、新加坡等国家的新兴沿海城市，经济贸易发展迅猛，潮商在汕—香—暹—叻经济圈中扮演重要角色。海外华侨不仅将大量的资金带入潮汕地区，也将外域工业文明和思想观念引入潮汕地区，对潮汕传统生活方式产生了一定的冲击。物质生活的富足，使人们除了对衣食住行更为讲究外，也开始了精神上的追求，因而茶楼酒肆等娱乐场所大量兴起，以满足人们商业洽谈、休闲享乐、社交会友、同业聚会等需求。

海内外市场的需求，四方商人的频繁往来，商业的繁荣，茶楼酒肆的兴起，均促进了饮茶业的繁荣，扩大了茶具产品的需求，从而刺激了生产。潮人对工夫茶具精细程度的要求尤为严格，工夫茶的特别之处，除讲究茶的本质以外，配套茶器以及烹制方法也极为重要，故工夫茶具在原来的壶、杯、锅、炉的基础上衍生出很多新的器皿，并在实用性和观赏性上不断创新。

至民国中后期，工夫茶具发展为茶壶、茶杯、茶洗、茶盘、茶垫、水钵、滤水器、砂铫、红泥风炉、茶叶罐等。这是潮州工夫茶具发展的历史高峰期，瓷器质量及装饰工艺都较以前大大提高。海内外市场对精致茶具的需求，促使枫溪陶瓷业者不断创新产品，丰富茶具种类以满足市场需求。枫溪大窑五彩的彩绘方式得到大量应用，作坊老板聘请城内的国画师到枫溪瓷厂彩绘，将传统国画手法运用到枫溪彩瓷装饰上，生产出不少精品。

此外，受传统吉祥文化影响，时人多喜爱能表达对美好生活的祝愿及向往的吉祥图腾，如龙、凤、狮、鸳鸯等，瓷商们为此推出了以这些图案

---

[1] 《陈济棠研究史料》（广东省档案史料丛刊），广东省档案馆，1985年，第228页。

为装饰的产品，吸引人们购买。例如，采用贴花纸新工艺的龙纹系列，不仅受到国内市场的喜爱，在东南亚国家尤其是泰国也相当热销；还有凤纹、狮纹、鸳鸯及公鸡纹等系列，这些图案象征权力、富贵吉祥等，在市场上广受欢迎；也有以古典人物为创作题材的茶器，如春日泛舟人物纹茶具。同时，外商来样定做，也使枫溪茶器有了几分外洋气息：贴花纸工艺的运用，题材的融合，中国的传统与西方的流行相结合，形成了独具时代特色的茶器，如胜记款喷彩花卉纹杯、贴花花蝶纹执壶等。

这一时期，枫溪的陶瓷作坊主要集中于宫前洋、宫后、浮洲园、桥西前、卢厝池顶、后宫仔、向南街、向北街等地方。生产茶器的著名坊厂有荣利、如合、陶真玉等。

荣利大瓷厂的创办人为陆良士，他既主经营，"知各岛国喜景德陶。枫陶窳不适豪富家之用也。遂力谋改良土质、型模、藻缋胥加意焉。久之焕然改观"[1]，也善瓷艺，能以手拉坯制作清凉水罐。目前荣利大瓷厂存世作品尚多，如釉上彩"红叶题诗（1931年）"茶盘、蓝彩湖石牡丹纹水钵、蓝彩山水纹钵等茶具，画工精湛，深受文人雅士的喜爱。

如合大瓷厂的创办人为佘初岩。20世纪20—30年代，佘初岩任枫溪陶瓷研究社副社长，由于南洋订货量大，为拓展海外市场，他决定派人到南洋经营陶瓷，直接掌握市场行情，参与市场竞争。于是，其子佘祥嘉和佘祥谦被派往新加坡经营陶瓷，佘祥嘉在新加坡梧槽律25号创办合裕号，佘祥谦创办益茂号，分别经营枫溪如合号生产的各种瓷器。东南亚地处热带地区，蚊虫较多，饮用水受污染严重，民众经常闹肚子，因此当地政府倡导卫生饮水。长流直腹装铜线提把的提梁壶及配内胆的滤水器、凉水罐的出现，提高了饮用水的质量，深受当地消费者青睐，销量大增。例如，如合制造款蓝彩博古纹滤水罐，高度一般为60~100厘米，滤水器内安装从英国进口的过滤芯。此外，还有"如合督造"款大窑蓝彩花鸟纹茶洗碗、"如合制造"款蓝彩山水纹钵、"如合"款青花满彩龙纹提梁壶等茶具

---

① 郑国藩：《似园文存》，潮州：1935年刊印，2013年广东省金山中学潮州校友会影印，第138页。

产品，大多以枫溪大窑五彩及蓝彩装饰，少数为渔樵耕读、三国故事、杨门女将等图案。

陶真玉瓷厂的创办人为邱进佳。该厂生产的茶具，如陶真玉款蓝彩团鹤纹口杯、陶真玉出品款贴花花卉纹执壶、陶真玉造款喷彩葡萄松鼠纹提梁壶等，都利用贴花纸、喷彩等新工艺提高生产效率，有效地与洋瓷进行市场竞争。

二十世纪二三十年代，潮州社会环境较为稳定。在华侨资本的促进下，经济繁荣，商业兴盛，饮茶之风日盛，催生出了一批制壶作坊，带动了潮州茶器的发展。在洋瓷倾销的背景下，民间提倡国货呼声高涨，有志之士提出对手工业产品进行质量改良，提高了产品在海内外市场的竞争力，潮州茶器在品种、质量、外销等方面都得到快速发展。

# 第三节　风雨飘摇中的潮州茶器

1939 年 6 月，日军开始对潮汕地区发动攻击。6 月 21 日，日军登陆汕头，汕头、潮州、澄海相继沦陷，韩江、榕江、练江出海口都被日军控制。战争使潮汕社会发生急剧动荡。1939 年 7 月 7 日，日军接收汕头海关并宣布第三国船舶每周只准一艘进港。1941 年，日军再次对我国海岸线实行武力封锁，3 月中旬先后出兵登陆广东沿海的雷州、电白、阳江等港口，再度占领陆丰，重点把守被他们视为粤东沿海地区主要走私地的碣石。至此，汕头和外地的海运往来基本中断。

日军的武力封锁，一方面断绝了潮汕地区本土手工业生产所需的大部分原料，另一方面又导致生产的手工业产品无法外销。汕头瓷商的经营被迫停止。由于对外贸易被封锁，交通路线被切断，运销机构被破坏，潮汕地区的经济活动失去平衡；加之侨批中断，大量侨批局被迫关门，多数华侨与家乡失去联系，侨眷无法接收侨资，无数人饿死。

　　抗战期间，潮州陶瓷业的生存环境被战火摧毁。民国时期，在潮州东郊的飞天燕山一带发现大量的瓷土资源。这个瓷土矿区产优质高白瓷土，可通过三利溪水运或潮汕铁路运至枫溪的陶瓷作坊。飞天燕瓷土可用于生产高质量的白釉瓷，这种细瓷更适应海外市场的需求。抗日战争爆发后，前往飞天燕山的道路被日军封锁。为防止日军利用铁路运送军用物资，潮汕铁路被潮州人主动破坏，瓷土运输中断。白瓷土无法开采，潮州的陶瓷生产只能以"乌土"替代，勉强生产。

　　日军进入潮州城后，占领大量厂房和民宅，枫溪陶瓷大户首当其冲。灶脚瓷商锦合号的大宅被日军飞机炸塌，知名巨商吴潮川的"梅里"（仓库）被日军强占做军事指挥部。日军踏进瓷商荣利号的陆家大宅，发现大客厅悬挂着国民党军政要员李扬敬和陆桂芳的赠匾，便一把火将整座大宅烧掉。这是日军在枫溪烧毁的第一座民宅，陆氏家族自此一落千丈。

　　枫溪柯姓、吴姓屋宇被毁将近七成。乡民四散，逃往枫洋、古巷、登塘及其他县市避难。占领枫溪的日军为了防止乡民以窑炉的烟火作信号，强迫陶瓷作坊把龙窑截短一半，并且所有窑炉白天不准烧火，每次烧窑只能在六个小时之内。灶脚一带的锦合号等龙窑作坊因被设为日军的军事禁地而被拆除，窑火熄灭。

　　枫溪陶瓷业在战乱中很快陷于绝境，未受战火摧残的作坊大多停止生产。大部分艺人、匠工为了生存，只能迁往高陂、饶平、福建等尚未沦陷的瓷区谋生。如"章炳利"举家迁往漳浦，从事陶器生产；"陶成玉"老板吴仁銮搬到揭西从事陶瓷业生产；逃难中，瓷工吴成太一家八口全部饿死。作坊停产，陶瓷商号也纷纷倒闭。"李太合"老板李炳成，本来拥有大量的资金和二十多间厂房，又有一手绝活，人称"缶状元"，枫溪沦陷后商号倒闭，自己也活活饿死①。

　　茶器生产受到重创，海内外潮人在国破家亡的困境下忍辱偷生，工夫茶饮用者寥寥无几，大量日产机器彩瓷茶具充斥市场，枫溪陶瓷产区仅存

<hr/>

① 《潮安枫溪陶瓷发展史（初稿）》（内部资料），1960年，第27页。

少量的陶瓷业者仍在夹缝中艰难求生，生产一些与洋货相近的产品，与日货抗衡。如枫溪乡民黄秀娥，每天从维持经营的瓷器作坊领取缸坯模印，到家中加工成型，模注杯、壶和流、把等构件，完工后送回瓷厂。[①] 将同一时期枫溪和日式的茶柄壶作比较，两者的造型都是仿明代陶瓷柄壶，枫溪柄壶以手拉成型，手绘蓝彩山水作装饰，壶孔为单孔或两孔，在手柄口处以古钱纹装饰；而日式柄壶以机器成型，贴蓝彩及五彩花纸并描金装饰，纹饰有花卉、博古、人物等，壶孔为七孔，手柄口留孔。

抗战期间，由于高陂瓷产区位于后方，大批枫溪陶瓷业者、府城彩庄的彩绘工人以及汕头市陶瓷业同业公会的成员，纷纷通过归湖葫芦山韩江码头到大埔高陂的码头上岸，并在码头设彩庄或货栈，维持陶瓷的生产、销售。如潮州陶金玉彩庄、黄冈源裕彩庄、广州裕发彩瓷厂等先后迁到高陂设厂，大批彩绘工人到高陂一带避难，粉彩、平彩技艺被广泛应用于大埔陶瓷产品，一时高陂彩瓷业出现兴旺态势。

1943年秋，广东唯一一所陶瓷专业学府——"广东省立高陂陶瓷职业学校"在高陂瓷区创办，从此翻开了广东陶瓷职业教育的新篇章。[②] 茶具产品以釉上彩、蓝彩、大窑五彩、青花红绿彩作装饰，题材以爱国抗日为主，如高陂1942年款"还我河山"釉上彩图案纹盖杯、青花红绿彩图案纹茶船，其茶盘上写着"振兴国货"，而"寒夜客来茶当酒"字样紧随其

---

① 吴为奇先生（1939—2014）口述，采访时间：2007年10月25日，采访地点：枫溪长德路花沟。黄秀娥（1917—1989），俗名三妹，枫溪花沟内人，是笔者母亲陈淑卿（1933—2015）的义母。陈淑卿是古巷人，1948年由人介绍，到枫溪给黄妈秀娥当义女。1952年，黄妈秀娥与儿子吴为奇协力，以石膏模注浆，制作吹水响鸟、鸡碟、玉令杯（供神明用的茶杯）、吹令杯（供奉神明用的酒杯），以"祥兴"标识，送去瓷器收购站，验收收购。凭盖"祥兴"印章的收购单，可结算货款。笔者母亲陈淑卿此间常从登塘肩挑瓷土到枫溪，卖给土铺或瓷作坊。每天一早便到达登塘独角牛山，将晒干的瓷土挑去古巷，吃完午饭后，再挑去枫溪。1953年母亲陈淑卿出阁潮州府城西马路经营饰品的兆兴号李家，与父亲木添（1929— ）结为连理。1956年，黄妈秀娥加入"生产自救组"（现潮州市瓷八厂），以合作性质将家中作坊的制瓷工具估价入股。1959年，因生活困难，双脚肿大，申请离开合作社。之后，到各瓷厂收购次质产品，上街摆卖，维持家计，直至晚年。以上赘文从一个侧面反映近现代枫溪瓷人的艰辛经历。笔者谨借此表示对外祖母黄妈的深切怀念。

② 杨云山编著：《大埔陶瓷》，广州：广东人民出版社，2008年，第25页。

下，茶船腹部则写着"抗日·民国三十二年"。一件小小的茶盘，蕴藏着大量的历史信息，表达当时人们既发展国内工商业，富国强兵，抵御日本入侵，又不忘传统文化的渴望。

这个时期，高陂出现短暂的繁荣，被称为"小汕头""小香港"。当舶来颜料减少时，方桂庭等数家陶瓷厂坊自制釉上、釉下颜料，缓解了陶瓷彩料紧缺的困难，维持了彩瓷业的生存。由于产量低，且南洋群岛等地航路不通，产品或由工人挑至枫洋等邻近地区售卖，或运至东里、漳州后用帆船偷运往香港，风险性很大，销量也不高。

沦陷期间，以出口粗瓷为主的九村瓷区港口封锁，瓷器销路堵塞，生产萧条。抗战前九村大小窑户二百余家，每月生产盘碗达四千担。沦陷期间，还能够维持生产的，约存十分之一。

1940—1941 年，枫溪的陶瓷业稍有起色，产品有碗、杯盘、大茶壶、饭盅、鸡盅、煎盘等，但因南洋群岛等地航路不通，销售受阻，因此生产量也很低。之后，澄海东里樟林港与泰国的航线逐渐开通，枫溪生产的粗瓷产品也可经樟林港运销泰国。在当时瓷土原料短缺、产品销售困难的境况下，大多数艺人、匠工只能逃难他乡谋生。

抗战后期，枫溪商人吴阿猪等人向日本驻军领取通行证，进入飞天燕山矿区开采瓷土，售卖到枫溪，作坊的老板为节约飞天燕山瓷土，尝试加入部分登塘白水土，生产较为粗糙的日用瓷。一些作坊如任合、陶玉峰则为日资行号定制日式产品。

1945 年 8 月 15 日，日本宣布无条件投降，中国人民抗日战争取得胜利。枫溪陶瓷业劫后重生。陶业工人们纷纷返回家乡，开始战后复产自救。他们从最简单的工具设备入手，从小批量生产向大规模生产发展。一些传统的朱泥壶作坊因材料短缺，转而生产白瓷茶具。由于日瓷退出市场，中国上海、广州、香港、台湾及东南亚等地的陶瓷器物非常紧缺，日用陶瓷需求量激增，因此枫溪陆续接到大量外来日用陶瓷及朱泥壶订单，产品运销逐步得到恢复。同时，战后各地民众重新建设家园，普遍需要陶瓷产品，也促进了枫溪瓷厂的复工复产，行业出现了技工紧缺的局面。枫溪陶玉峰瓷厂在"二战"后发展迅速，成为枫溪一家规模较大的瓷厂，生产品种较为丰富，以陶玉峰造款大窑蓝彩鹰球纹滤水器较为知名，产品销往广州、香港及东南亚等地。

随着枫溪陶瓷业的复兴，飞天燕山瓷土需求量激增。刘金钱创办了"联兴公司"，继续瓷土经营。当时，水碓加工的瓷土（水碓土）供不应求，他便在下津蔡厝浦购置柴油机做动力，安装机碓 18 台，兼营瓷土粉碎加工，直接销售机碓加工的瓷土（机碓土）。参与瓷土经营的还有枫溪人柯育等合股创立的瓷土合作社，用近 60 个机碓（火碓）舂土。瓷粉业也较为兴盛，有吴丙南建在文祠前的新同太瓷粉厂和厂址设在池湖与枫溪交界处的愚公瓷粉厂等。[①]

枫溪瓷业生产出现了短暂的旺盛势头。1946 年，瓷业销售额达 302 万港币。1947 年，枫溪有瓷商号 370 多户，从业人数 4 000 多人，陶瓷业全年烧缶达 2 200 窑，产值约为 403 万港币，是陶瓷业最盛年。[②]产品由出口瓷器商人到枫溪向各窑采办，内销上海、广州、厦门、香港，外销南洋群岛、澳、菲、美等国家和地区。

由于抗战期间从枫溪、汕头、潮州迁来的彩瓷作坊回迁，高陂瓷业反而失去战时的繁荣。不过，在海外需求的刺激下，其产销仍然活跃。有烧制日用器传统的九村陶瓷业，受国内外市场对日用粗瓷需求量增加的影响，开始恢复活力，由 1943 年的 12 条窑炉迅速发展到 105 条窑炉。

解放战争时期，潮州陶瓷业再度衰落，生产处于低潮。

1948 年，社会动荡，金融危机，通货膨胀，货币贬值。登塘白水及飞天燕山矿区实施以大米换瓷土的方式，一万斤优质瓷土换八斗米（约 160斤），采矿工只能领米过活。内战爆发后，国民党政府封锁汕头港，严管

---

① 《潮安枫溪陶瓷发展史（初稿）》（内部资料），1960 年，第 30 页。
② 《潮安枫溪陶瓷发展史（初稿）》（内部资料），1960 年，第 29 页。

出口货物，实行"押汇"管理①，即出口商如需出口 60 万元的货物，需先存 60 万元到汕头海关，再发运 60 万元的货物，等到外国进口商收到货物后，汇款给汕头海关，汕头海关收到款后，才转还给出口商。这样无疑增加了出口商的资金负担，令本来已经十分艰难的枫溪陶瓷商雪上加霜。枫溪瓷业商号仅存 300 户左右，工人也仅余 3 200 人，销售额为 344 万港币，比上年降低 17.2%。

1949 年，枫溪陶瓷业更加艰难。瓷业销售额为 128 万港币，仅为 1948 年的 37%。②而饶平的九村也减剩 80 多条窑炉，产值只有 22.5 万元。大埔县虽有瓷业 1 036 户，从业人员达 5 849 人，但年产量仅有 2 823.7 万件，产值 57.75 万元。③

这一时期，潮州陶瓷业在社会动荡、通货膨胀、苛捐杂税繁重等环境下勉力支撑，潮州茶器也在艰难中求生。

近代时期，潮州茶器在清末的壶、杯、锅、炉的基础上衍生出一整套系统化的精细茶具，在器型上，借鉴金、银、锡器等茶具造型；在创作题材上，既有对传统纹饰的继承，也有对外来新兴事物的借鉴；在创作手法上，既注重中国画传统线条的勾描，也注重对外来文化的吸收；在陶瓷釉料上，既有对本土釉料的提炼，也有对外来釉料的改进革新。而潮州朱泥壶泥料、工艺特征基本延续清后期的特点，器型除传统的小壶外，还有各式软提梁壶。在市场需求影响下，潮州手拉朱泥壶量产出品，造型雷同，线条简化，使这一时期的产品工艺特征呈单一性，精致的朱泥壶制作量较少。特点是：底款多为盖印章，家庭作坊成员相互协作，制作工序呈流水线式；产品都有款识，但大多以作坊名号为主，沿用家族印款，如源兴、源兴炳记、源兴河记、源兴龙记、源兴昌记、源兴顺记、老安顺、新安

---

① 饶宗颐总纂《潮州志·实业志》第 1393 页中对"押汇"的叙述为："三十六年汕头实行统制外汇后，同时施行押汇制度，规定运输土货出口须将该货所值香汇照公价售给政府，限于一个月内交清，并须商店二家为担保，凡出口货件须经办理押汇，海关方准放行，后因公价与黑市距离太远，每有押汇后不履行成交者，且因本困难出口商业锐退，亦无多数外汇可供押卖。"
② 《潮安枫溪陶瓷发展史（初稿）》（内部资料），1960 年，第 35 页。
③ 杨云山编著：《大埔陶瓷》，广州：广东人民出版社，2008 年，第 26 页。

顺、安顺得记等。几家知名壶作坊经营时间跨度大，家族经营开枝散叶，子孙分立经营，出现了作坊号加名号。源兴河记的吴锦河（1918—1986）和老安顺的章永添（1926—2011）等老字号的后人在枫溪浮洲园安仔街经营手拉朱泥壶。

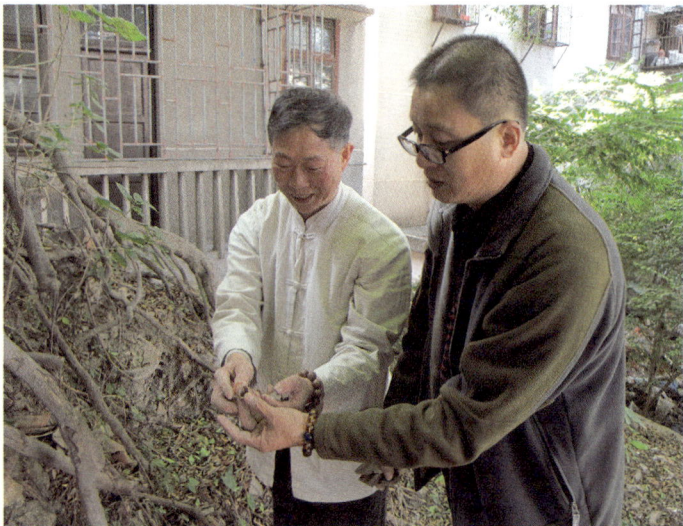

图 1-4　2015 年 11 月 29 日，壶艺师吴瑞全（左）与李炳炎（右）到枫溪三山国王宫附近考察枫溪窑遗址，了解近代枫溪朱泥壶生产情况

图 1-5　从枫溪怀德及三山国王宫附近采集的近代手拉朱泥壶残件标本（潮州市颐陶轩潮州窑博物馆藏）

# 第二章

# 新中国成立至20世纪80年代潮州及东南亚潮人茶器

## （1949—1989）

　　1949年之后，潮州陶瓷业开始复苏。在社会主义改造的背景下，潮州茶器开始恢复生产，市场从东南亚转移到国内，民国时期的陶瓷茶具生产者被安排到公私合营的社、厂工作，按上级部门布置的任务进行生产。20世纪60年代，随着陶瓷工业体系的建立和技术革新，茶器生产在计划经济体制下逐步走向新兴。70年代，潮州工夫茶饮再次兴起，为朱泥壶、成套白瓷茶具的大量生产提供了市场需求。特别是改革开放以后，陶瓷行业的改革调动了各个方面的积极性。海内外市场的需求促使茶器大量生产，潮州茶器成为出口创汇的重要品种。这一时期，东南亚潮人陶瓷业实现了"在地化"生产，茶器产品也有所发展。

# 第一节　潮州陶瓷业所有制的变革与茶器发展

早在 20 世纪 20—30 年代，在欧洲、日本洋瓷的冲击下，一些有识之士便在潮州陶瓷产区尝试进行陶瓷的工业化生产，茶器作为主要品种之一，在胎釉、成型、装饰等方面都得到了提高。在旧中国动荡不安的社会环境下，陶瓷业尽管取得了一定的发展，但还是未能形成工业化生产。

50 年代后，随着社会制度的改变，潮州陶瓷业的所有制也发生了变革。陶瓷企业扩大了生产规模，通过引进先进的机器设备，进行技术革新，建立现代工厂管理制度，逐步向工业化生产发展。潮州茶器的生产也因此被纳入国家计划，得到快速发展。

## 一、计划经济背景下的潮州茶器

新中国成立后，百废待兴，潮州陶瓷业的生产陷入停顿状态，茶器也几近停产。陶瓷业的恢复与发展，既能为人民群众提供必备的日常用具，又能为工业化积累资本和外汇储备，促进潮州经济发展。枫溪、高陂、饶平作为潮州陶瓷的三大产区，受到潮安县（现潮安区）政府的高度重视。

1949 年 10 月，潮安县政府派工作组进入枫溪陶瓷产区，为私营瓷户提供贷款，并收购大批瓷器，解决因交通受阻而产生的瓷器滞销积压等问题。据 1949 年底的统计，枫溪有手工业瓷户 122 家，从业者 675 人；手工业陶户 209 家，从业者 839 人；有商号的私家瓷厂 61 家、陶业商号 5 家、瓷粉厂 3 家、陶瓷化工商号 3 家。产品主要有壶类、杯碟类和瓶类，其次为花罐、阳盖、鸡盅、汤窝（汤煲）、痰盂等，还有胜记等商号的仿日、仿欧（如英国）等杯碟。这些产品外销的销路主要是通过香港销往南洋，国内主要是通过广州、厦门及上海运抵北方各地。[①]

---

① 潮州市枫溪区地方志办公室编：《枫溪镇陶瓷志》，2015 年，第 19 页。

在大埔高陂和饶平九村，政府也开始着手在窑民和手工业陶瓷户中组织联合体，统一陶瓷业的生产和经营。

1950 年，高陂瓷区成立陶瓷窑户同业公会，会址设在高陂镇。光德、平原、桃源、高陂和洲瑞等主产区成立 31 个分会、130 个小组，参加公会的窑户共有 1 212 户。

这一年，受国内外各项政治运动的影响，潮州陶瓷业得到一定的发展。

国内方面，在农村开展的土地改革激发了农民生产的积极性，促进了农村经济的发展，提高了农村地区的生活水平，群众的购买力日渐增长。茶器作为日常用具，需求量得到提高。这一时期的茶具产品除传统的花鸟、花卉等题材外，新增反映日常生活和生产劳作的题材，如高陂砂坪振和出品的釉上彩人物纹茶盘，便是以女子下田劳作为题材。

国际方面，1950 年 6 月抗美援朝战争爆发，美国冻结了中国在美外汇，对中国实行封锁禁运。[1] 传统手工业成了当时国家经济发展的一个重要部分。陶瓷业作为潮州主要的手工业经济，在政府一系列的支持下得到发展。手工业工人也自发组织各种陶瓷生产组，成立手工业工作队，从私营向小集体生产发展，帮助组织恢复潮州陶瓷的生产。1950 年 7 月，潮州城内 7 家彩瓷行（源裕、通利、南兴、玉顺、双艺、合成昌、陶成玉）共200 多名彩瓷工组织起来，成立潮州彩瓷联营厂，生产盘碗、茶具等日用彩瓷以及花瓶、挂盘等陈设器。

抗美援朝期间，枫溪、高陂瓷产区为响应号召，生产"抗美援朝、保家卫国"口号款的茶具产品，以此表达陶瓷业者的爱国情怀。如：1951 年高陂砂坪黄永利出品的口杯，以象征农民阶级的麦穗和工人阶级的齿轮为主图案，杯上写着"1951·抗美援朝·保家卫国"，以此表达全国工农阶级团结一致保家卫国的决心；枫溪产区的五彩水钵以柳树、马匹为题材，旁边写着"抗美援朝"，是传统题材与政治时事的创新结合；提梁茶壶则

---

① 汕头市对外经济贸易委员会编：《汕头外贸志》（内部资料），1993 年，第 3 页。

以红星照耀下的美好河山为主题，其背面写着"保家卫国"，壶盖上则写着"注重卫生"，从壶腹上的时间"1953"可知，抗美援朝保家卫国战争已经结束，陶瓷业者是以积极向上的创作题材来表达对美好未来的展望。由于此时陶瓷业刚刚复产，原材料较为短缺，优质瓷土不多，因而产品质量参差不齐，但陶瓷业者以时代背景为创作题材，赋予了茶器产品新的内涵和生命力。

1951 年，政府为了统一外销步骤和解决生产问题，通过华南和上海的土特产展览会打开国内的陶瓷销路。同年，兴梅贸易公司在高陂设立陶瓷收购站。梅县经营陶瓷器的 12 个商号在高陂设立驻陂联购处；7 月，潮梅陶瓷联营社在汕头市成立，在高陂设立办事处。这些举措方便了大埔瓷区茶器产品的收购，促进其青花红绿彩的批量化生产。

此外，为更好地管理枫溪的陶瓷业者，有关部门对枫溪陶瓷业户数进行统计，入册者共有 399 家，其中瓷器业者 227 家、彩瓷业者 10 家、陶器业者 149 家、槽业者 6 家、挖土业者 7 家。后又根据这项统计数据，在枫溪组织陶器联销组，把 209 户单干陶户按地域划分，成立陶器联销组，计枫溪 6 个（3 个煎盘联销组、1 个红缸联销组、1 个厚缸联销组和 1 个徐厝桥联销组），长美和湖厦各 1 个，将产品集中销售。[1] 枫溪茶器的生产和销售逐步形成有组织、有计划的集体生产体系。

1952 年初，由于国际环境急剧变化，我国对外贸易受到重创，潮州陶瓷出口受阻，茶器生产也陷入低谷。枫溪许多厂家和商号的业主无心经营，业户数骤减。瓷业方面，正常经营的仅 35 户，工人 135 人；半停业的 146 户，工人 494 人。陶业方面，仅存 165 户，从业人员 318 人，全年销售总值 36.2 万港币。[2] 这一年，成立不久的彩瓷联营厂也因经营不善而全面解雇工人。

针对陶瓷业的生产状况，政府开始采取一系列措施帮助行业生产自救。

---

① 潮州市枫溪区地方志办公室编：《枫溪镇陶瓷志》，2015 年，第 20 页。
② 潮州市枫溪区地方志办公室编：《枫溪镇陶瓷志》，2015 年，第 20 页。

首先，政府将联销组改为联销联购组，扩大对陶瓷生产原料的经营管理，同时又在枫溪 122 户瓷户中组建手工业交流组，改进生产技术，提高产品质量，改变了以往依赖南洋各港销售的经营习惯。产品逐步转向国内市场，建立运销代客购货制度。接着，政府组织瓷器联销组，直接向各生产组收购订货，高陂和枫溪生产的茶杯、茶盘、茶壶及杯盘套通过国内物资交流会打开了华北市场。最主要的一步是，将 122 家手工业瓷户分成 19 个生产自救小组，每组 20~30 人不等。当时，潮安县政府拨来了 4 万元人民币，每个工人平均可得基金 16.6 元，自救小组把这作为投股，加上一部分自筹，投入生产设备的改进中，使生产得以恢复。原彩瓷联营厂 17 名失业技艺人员成立彩瓷加工组自救，此后发展至 22 人，潮彩由此初成雏形。

此外，土产公司也帮助解决了燃料问题，潮州的陶瓷生产开始走上正轨，陶瓷商号及手工业户都全面恢复了生产，同时还拓展了华北、东北等地区的销路。白瓷及彩瓷茶器产品也随之得到恢复、发展，市场需求不断扩大。

1953 年，枫溪陶瓷业进入全面恢复时期。至 1954 年，仅第一季度，枫溪的瓷户已增至 265 户，从业人数已达 1 835 人，销售额达 27.2 万元人民币，比 1953 年同期增长了 50%。同年 6 月 20 日，汕头土特产公司来枫溪设立陶瓷收购站，对外拓展了销售渠道。[①]1954 年，潮州陶瓷业进行了社会主义改造，实施国家收购瓷器的方式。

1954 年，在社会主义改造中，高陂陶瓷产区先行一步。广东省轻工厅将在高陂赤山的省立陶瓷技术学校（广东省立高陂陶瓷职业学校于 1950 年重办后改名）拆迁，并在该址兴建全省第一间国营陶瓷企业——广东高陂机械厂（1958 年改名为赤山瓷厂）。1957 年，高陂镇原先的合营企业第十八彩瓷工艺社转为地方国营“大埔县彩瓷厂”。1958 年，高陂瓷区又兴办了三和瓷厂、黄塘瓷厂和平原瓷厂三家地方国营企业。高陂陶瓷工厂的

---

① 潮州市枫溪区地方志办公室编：《枫溪镇陶瓷志》，2015 年，第 20—21 页。

改扩建夯实了大埔陶瓷工业的发展基础，使其成为高温釉下红绿彩的日用盘碗、茶具及咖啡具的主要生产基地。

枫溪陶瓷产区也逐步建立起国营企业和集体企业的国有工业体系。

**国有企业方面。**1955 年 6 月，潮瓷厂最先实行了公私合营。该厂是瓷业中较大的商号，原来的劳资关系较正常，资方能完成纳税、补税、购买公债的任务，能按照国家订货计划进行生产，能接受工人的监督，也能采纳工人提出的合理扩建工场的建议，建立规范的工作制度，并公开技术，所以当时政府优先批准该厂为公私合营企业，并将所收税款 500 元借其投入生产。

同年 9 月，继潮瓷厂之后，陶玉峰也实行了公私合营。在 1955 年末至 1956 年初的社会主义改造大潮中，锦合、胜记、合利丰、坤记、玉顺等实现了公私合营，至此 61 家私营企业转变为 7 家公私合营厂，改变了原来企业的经济性质。此时，各厂职工共有 1 659 人。

1958 年，枫溪 7 家公私合营瓷厂进行企业归并，改为地方国营潮安第一瓷厂，原有的 7 家小厂变成 7 个车间，分为日用瓷、美术瓷、工业用瓷、耐火材料、彩瓷、试制等，职工共有 1 805 人[1]。同年，国家投资 120 多万元，建起国营潮安华侨机械瓷厂和 2 间辅助厂——瓷粉厂、陶瓷颜料化工厂。

**集体企业方面。**1955 年 5 月 1 日，枫溪第一煎盘联销组、红缶联销组、徐厝桥联销组这三个组合并为潮安陶器生产供销合作社。1956 年合作化高潮时，原长美、湖厦这两个联销组改组成三个生产合作社，即长美第一社、长美第二社和枫洋陶器社。同年 4 月，长美两个社合并为长美陶器生产合作社，工人共 273 人；枫洋陶器社工人共 167 人。是年，潮安陶器生产供销合作社改称为枫溪陶器第一生产合作社，有工人 464 人。[2] 1958 年 8 月 15 日，枫溪、长美、枫洋这三个陶器生产合作社合并为枫溪陶器生产合作社，同年 10 月 1 日又过渡到全民所有制的地方国营潮安第一陶器厂，厂址

---

[1] 《潮安枫溪陶瓷发展史（初稿）》（内部资料），1960 年，第 41 页。
[2] 潮州市枫溪区地方志办公室编：《枫溪镇陶瓷志》，2015 年，第 21 页。

也设在长美，全厂职工 1 056 人，主要生产煎盘等产品。同年，公私合营潮安云步陶器厂改为地方国营潮安第二陶器厂，厂址也设在长美，主要生产缸、瓮等产品，老龙合、林龙合、林龙合兴记这些制陶作坊通过合作化并入该厂。公私合营之后，民国时期的枫溪陶器生产业者被政府纳入统一生产管理，原来生产红罐（朱泥壶）作坊的老板与工人被安排入陶社及陶厂工作，产品上停止印盖所有私号款识。如安顺号章永添在国营潮安第二陶器厂试制组当技术员[1]；源兴炳记吴锦永的朱泥壶作坊归入枫溪陶器第一生产合作社，之后与其子吴瑞深被安排在潮安第二陶器厂红罐组；泰盛号谢绵镇及儿子福照也并入潮安第二陶器厂红罐组，制作手拉壶、薄锅仔、参炖（炖参盅）等；吴锦河以源兴朱泥壶作坊入潮安股合营并入潮安瓷四厂创作组，设计酱油瓷壶等，供工厂长期销售。在 1949 年至 1955 年间，枫溪朱泥壶款识为"源兴炳记·陆杯""老安顺制·肆杯""新安顺造·陆杯"及木印楷书"孟臣"等。

1957 年，饶平县在九村瓷区三中村建立了第一家国营瓷厂饶平工艺厂。

至此，潮州陶瓷业完成了社会主义改造，极大地扩大了生产规模，为工业化生产奠定了坚实的基础。茶器产品的生产也被纳入国家计划，往工业化方向发展。

1959 年以后，潮州枫溪、大埔、饶平三大陶瓷产区开始对工厂布局和管理体制进行调整。

**枫溪陶瓷产区。**1962 年，枫溪把原地方国营潮安第一瓷厂分拆为四家全民所有制企业（潮安瓷一厂、潮安瓷二厂、潮安瓷三厂、潮安瓷四厂）与一家集体所有制企业（枫溪瓷器第一生产合作社，简称"瓷一社"）；将原地方国营潮安美术瓷厂分拆为两家全民所有制企业（美术瓷厂、彩瓷厂）和一家集体所有制企业（潮安枫溪玩具瓷生产合作社），1967 年，潮安枫溪玩具瓷生产合作社改称为潮安瓷器第七生产合作社；将原地方国营

---

[1]　李炳炎：《潮州窑历代茶具》，深圳：深圳报业集团出版社，2016 年，第 43 页。

华侨机械瓷厂分拆成立一个集体所有制的枫溪瓷器第六生产合作社（简称"瓷六社"）和原厂两个厂。1969年，将瓷六社并入瓷一社。1973年，将枫溪瓷器第一生产合作社改为潮安瓷五厂，原瓷七社改为美术瓷二厂。

**大埔陶瓷产区。**20世纪60年代末，大埔县共有国营陶瓷企业8家。生产瓷器的有赤山瓷厂、华侨瓷厂、黄塘瓷厂、平原瓷厂、大埔瓷厂5间；专业生产原料有大埔陶瓷原料厂1间；彩饰、颜料和花纸生产专业厂1间；陶瓷机械厂1间。70年代末，大埔陶瓷系统从业者已有6000多人，生产全部实现了工业化。1965年，由于梅县另立专区，国营企业均统归梅县专区陶瓷工业公司领导和管理。

**饶平陶瓷产区。**1959年，国营饶平工艺厂下放给新丰公社接管，同时在浮山建成国营汤溪瓷厂。1962年，国营汤溪瓷厂也转为集体企业。饶平县陶瓷业直至20世纪70年代末一直没有国营瓷厂。

经过调整，潮州陶瓷业的工业布局更加合理，日用瓷、工艺瓷以及咖啡具、茶具等杯盘套的生产更加专业，产量和质量均大大提高。

与此同时，潮州乡镇陶瓷企业开始壮大，逐渐成长为另一支主力军，潮州陶瓷业实现了真正的两线并行，大步向前。

## 二、乡镇企业的壮大促进茶器发展

乡镇企业也叫社队企业，与国营厂和城镇集体厂不同的地方在于：国营厂和城镇集体厂的职工是"非农业户口"，吃商品粮，靠工资收入；而农村公社陶瓷厂的职工是"农业户口"，吃社队自产口粮，劳动报酬形式是记工分、领补贴。20世纪50—80年代，社队企业是潮州陶瓷生产体系中的一个重要组成部分。

自农村合作化运动完成后，合作社得到了巩固和发展，集体经济不断扩大。枫溪当地农村的部分农民在中华人民共和国成立之前，曾到枫溪镇内的瓷厂当过瓷工，积累了一定的制瓷经验，加之潮州周围的瓷矿和资源丰富，在潮州市潮安县陶瓷工业公司所属各厂的技术支持和物资帮助下，古板头乡跟枫一乡先后办起了陶瓷厂。

1955 年，古板头乡组织 50 名熟悉陶瓷生产的农民办起了陶瓷厂，这是陶瓷业社会主义改造后在乡村中萌发出来的第一家农民陶瓷厂。随后，枫一等乡也都办起了陶瓷厂。但这一时期生产的茶器产品档次较低，质量相对一般。

1958 年，枫溪人民公社成立后，得到潮安县陶瓷工业公司所属各厂的技术支持和物资帮助，除了原办的古板头大队和枫一大队陶瓷厂，到 1959 年又新建了十多间瓷厂。茶器生产规模得到扩大，质量也有所提升。

1961 年，长美大队的十月联队在以前的巷内窑故址上创办起十月陶厂。但是同年为了贯彻"八字方针"，多数大队陶瓷厂停办，最后只剩下前进、东方红、枫二这三间瓷厂。

1964 年开始，全国经济形势好转，枫溪很多社队企业开始复办。田中村（今凤新街道辖区①）在这一年又办起陶瓷厂，随后各村掀起一股办陶瓷厂的热潮。

1967—1971 年，是社队兴起办陶瓷业的转折点之一。在枫溪公社、党委的领导下，社队办的瓷厂不断得到壮大和发展，陶瓷的产量、产值每年都实现 30% 以上的增长。如 1966 年陶瓷总产量为 800 多万只，到 1969 年就发展至 2 100 多万只。② 至 1971 年，队办企业总收入金额增长迅速，成为以副养农、以工补农的主要经济支柱。

枫溪乡镇陶瓷业发展的基本条件，如原材料来源、燃料采用、交通运输、制作方法、产品销路等，都与陶瓷公司所属各厂相仿。除本身的技术力量外，也受益于陶瓷厂的支持与帮助，一经发展，速度很快。据统计，1975 年枫溪已有镇、社、队陶瓷厂 27 家，龙窑 32 座，职工 3 834 人，拥有厂房 45 000 多平方米，电动机 163 部，柴油机 27 部，集体固定资产约 416 万元。社队办（后称乡镇办）陶瓷厂的产品主要有工夫茶具类，缸、瓮、罐类，饭钵，煎盘类等。其中，内销瓷器有杯、碗、盘、碟、匙类，

---

① 凤新街道于 1992 年划潮安县枫溪镇陈桥等 13 个管理区和 1 个林场而设立。

② 杨光远总纂：《潮州陶瓷志》，潮州：潮州市地方志办公室，2006 年，第 41 页。

盂类，酒令杯、炖盅、壁筒类等；出口瓷器则有杯、壶、英碗、鸡盅、碟、盘类，花瓶、花盆类等。村办的陶瓷厂多数建立彩瓷车间，彩瓷形式主要有贴花、印花、人工彩绘。[①]至1976年，全枫溪30个大队有21个大队办起了陶瓷厂共计32间，拥有36条龙窑，4 606名工人。这一年，陶瓷总产量达到5 500万件，其中出口2 886万件，总产值650万元，利润200万元。[②]枫溪社队陶瓷企业发展已然成熟，促进了茶器的生产。

这一时期，枫溪出口的瓷器开始由汕头出口公司经销，采用以销（订单）定产形式，产品归瓷器收购站；后来枫溪公社成立陶瓷管理所进行管理，出口产品由陶瓷管理所接单，先分解生产任务，再将指标下达给各社队办瓷厂。各生产单位根据下达指标安排生产后，自行将产品送到收购站，包装出口。分解生产指标时，按样品订货部分归提交样品的工厂生产，其他则视情况布产。内销陶瓷则由汕头、潮安日杂公司设在枫溪的收购站收购。这样，茶器的生产、出口分工更加明确，更好地满足了市场需求。

高陂陶瓷产区的陶瓷产品大部分由乡村作坊生产，由此可见乡镇企业的重要地位。1954年，在农村合作化运动中，高陂产区开始组织瓷业生产初级合作社。据1955年统计，全产区有瓷业生产者3 773户，从业人员6 195人；组织起来的瓷业生产初级合作社有49个，入社的窑户有460户，共2 557人。[③]1956年春，瓷业生产合作社从初级向高级发展，小社归并为大社。短时间内，全县办起了18个瓷业生产高级合作社，并由新设立的大埔县陶瓷专业联销的管理机构统管。

1958年冬，大埔县各区乡所有集体陶瓷企业与农业合并成立人民公社。光德、平原、桃源和高陂四个主产区归属高陂人民公社，其他各瓷业社归属当地人民公社。1959年，光德、平原设立陶瓷公社，其余人民公

① 潮州市湘桥区凤新街道志编纂委员会编：《凤新街道志》（内部资料），2014年，第101页。
② 杨光远总纂：《潮州陶瓷志》，潮州：潮州市地方志办公室，2006年，第42页。
③ 广东省大埔县陶瓷志编纂小组编：《大埔陶瓷志》（内部资料），1987年，第88页。按，这里有两组数字，第一组全区统计瓷业生产户户均1.64人，应该是从事生产者；第二组入社瓷户户均5.56人，应该包括全家人口。只能用户数计算，参加合作社的户数约占业户的12%稍强。

社所属瓷业社改为瓷厂。[1]1962 年大埔县共有社队集体瓷厂 66 间，职工 4 147 人，瓷器年产值为 330.5 万元。

1963 年至 1965 年，大埔县结合农村贯彻中央制定的《农村社会主义教育运动中目前提出的一些问题》，整顿社队集体企业，规定以大队为单位设厂的原则，对原有工厂进行并厂，同时鼓励有条件的社队创办新厂。整顿之后，全县陶瓷业社队厂共 61 间，布局更加均衡。

随着出口和内销市场的需求量不断增加，社队办陶瓷厂的生产规模也不断扩大。制作技术从手工操作逐步过渡到半机械化生产，努力提高生产效率，促进产品的更新换代。企业管理制度建设也及时跟上，健全和实行定人员设备、定品种计划、定质量、定成本"四定"和包按时完成任务、包每窑产值、包上缴利润、包设备维修"四包"的管理责任制。按规定，企业必须把所获利润的 40% 缴交大队和生产队，支援农业，增加集体积累。

1954 年，饶平陶瓷产区在九村开始组建陶瓷业合作社，洞上、联和两个联合组合并成立了第一个生产合作社。1957 年后，九村以外的农业区也开始制瓷，最先在饶洋办起集体瓷厂。1958 年，宫埔、建饶、茂芝、三饶四个公社也随之建立了瓷厂。同时还有陈坑、赤塘、新丰等一批大队、生产队瓷厂兴建。这时，饶平县社队办陶瓷厂数量在潮汕各陶瓷产区中名列首位，全县共有 4 间公社瓷厂、15 间大队办瓷厂、50 间生产队办瓷厂[2]。

为了给这些社队陶瓷厂培养专业人才，1958 年，饶平县创建新丰瓷业中学。该中学 1961 年停办后于 1964 年重新开办，并招收陶瓷专业学生。1971 年增设陶机电工班，1974 年又增设工艺美术班。新丰瓷业中学坚持面向本地、面向生产办学，为乡村陶瓷企业培养具有各种生产技能的学员。这支年轻的技术队伍对饶平县陶瓷工业发展起到了很大的作用。[3]

1973 年以后，新丰、建饶、三饶等公社先后创建彩瓷厂，瓷器出口量

---

[1]　广东省大埔县陶瓷志编纂小组编：《大埔陶瓷志》（内部资料），1987 年，第 119 页。

[2]　汕头市陶瓷工业总公司编：《汕头陶瓷志》（内部资料），1990 年，第 20—21 页。

[3]　汕头市陶瓷工业总公司编：《汕头陶瓷志》（内部资料），1990 年，第 44 页。

逐年增加。据 1976 年统计，饶平县有社办厂 10 间，大队办厂 31 间，生产队办厂 30 间。

1958—1978 年间，在潮安枫溪、大埔高陂和饶平九村等传统陶瓷产区，陶瓷业成为农业经济的重要补充。从 50 年代初开始，这些瓷区的农村家庭陶瓷作坊，经过合作化运动，发展为手工业联社、陶瓷生产合作社，到 1958 年以后，创建起社队集体企业。社队企业经历了 20 年的发展、整顿、改造、再发展，逐步实现了半机械化、机械化的生产方式转变，并建立起一套符合农村集体经济实际的管理制度。在潮州几个主要瓷区，社队（乡镇）陶瓷企业的发展为农业提供了资金和物资，提高了经济收入，壮大了集体经济，增加了集体积累，成为社队（乡镇）经济的支柱，促进了农村社会主义各项建设事业的发展，提高了人民的生活水平。

20 世纪 50 年代，在潮州窑业所有制变革的背景下，茶器产品大多由政府统购统销，并为陶瓷业者解决了原料和市场问题，对以瓷制为主的茶器生产恢复起到了积极作用。60—70 年代，茶器产品在国有、集体和乡镇企业的壮大中，得到快速发展。潮州生产的成套茶具、咖啡具通过春秋两季广交会销往香港、澳门的酒楼，同时通过新加坡运销东南亚各地。另外，随着国内经济的恢复，人民生活水平得以提高，对茶器需求量的增加，反过来也刺激了国内的茶器生产和销售。

## 第二节　陶瓷工业体系的建立与技术创新

20 世纪 50 年代之后，潮州陶瓷业通过公私合营，逐渐形成以国有陶瓷工业体系为主、集体企业及社队企业为辅的陶瓷工业体系，行业得到规范发展。在国家力量的推动下，潮州三大陶瓷产区在原料、成型、装饰和窑炉等方面进行改革，使潮州陶瓷业从手工制作向半机械、机械化生产转变，产品的产量和质量提高。同时，现代工厂制度的建立，也促进了潮州陶瓷工业体系的逐步完善。

## 一、陶瓷工业体系的建立与出口创汇

1954 年，广东省轻工业厅兴建广东高陂机械厂，开始了大埔陶瓷由手工作坊式生产进入半机械化和大型化的生产模式。这家工厂向人们展示了陶瓷业机械化生产的光明前景。

1956 年，枫溪陶瓷产区完成改制后，新建了 26 座厂房、26 条龙窑，同时改造了 298 台轮盘车（本地俗称"柴车"，手拉坯成型生产工具），并安上滚珠轴承，降低了工人劳动强度，同时也提高了劳动生产率。

高陂、枫溪陶瓷产区通过改进设备，发展细瓷生产，茶器成型开始向半机械化、机械化生产发展，产品的生产效率和产品质量也得到提高。

1959 年，高陂和枫溪先后组建陶瓷工业公司，专营全县陶瓷生产，这标志着陶瓷工业体系的初步形成。其公司下属工厂也相应地建立了各种生产和管理制度。

枫溪陶瓷产区各个陶瓷厂，于 1960 年就建立起财务管理和劳动管理制度。到 1964 年，整个管理制度实现系统化，完善为计划管理、财务管理、物资管理、劳动管理、技术管理、设备管理"六大管理"，岗位责任制、考勤制度、技术操作规程、质量检验制度、设备管理与维修制度、安全生产制和经济核算制"七项制度"，产量品种、质量、原材消耗、燃料和动力消耗、劳动生产率、成本、利润、流动资金占用量"八项技术经济指标"。[1] 现代管理制度的建立，促进了陶瓷业的规范化生产，调动了工人的生产积极性，也使茶器生产向标准化方向发展。

1959 年，广东省轻工业厅在枫溪、高陂组建陶瓷工业研究所。研究所既是生产单位，又是设计单位，负责协助瓷区各陶瓷工厂生产设备和技术的提升，在茶器的科研攻关、制作工艺和新产品的革新创造方面发挥了重

---

要作用。

1961 年，政府开始对陶瓷工业布局进行调整，按企业的不同性质和功能进行归并，形成各自的专业厂，向专业化发展。其中就有直接生产瓷类茶具、朱泥壶等的专业厂。这大大简化了茶器的生产过程，既便于管理，又发挥了专业厂的特有作用，使其集中精力于自己负责的产品上，致力于研究和提高产品的质量及产量。

至此，潮州的陶瓷工业体系基本形成。公司属下各厂按专业分工布局，机械化生产设备逐渐发展，构成了陶瓷产区的生产整体。在产品设计方面，来自陶瓷学校、美术学院美术专业的设计人员创作出一批以动物、花卉纹装饰的茶器产品。这些兼具趣味性和审美性的装饰图案为潮州茶器注入了新的活力，在出口创汇中成绩颇佳。

1964 年，大埔县陶瓷工业局根据国际市场的需要，进行集中设计分厂试制，以厂所结合形式开展新产品的设计试制工作。同年选送一批质量较高的茶具、咖啡具等出口细瓷参加广州中国进出口商品交易会（简称"广交会"）陈展，广受中外人士好评，赢得大量订单，为大埔产品开创了成套茶具细瓷大量出口的新局面。①

这一时期，也是枫溪茶具产品转型的一个重要转折点。一批从陶瓷学校、美术学院毕业的专业人才如叶竹青、陈衡等被分配到枫溪陶瓷研究所，为其注入了新鲜的血液。众所周知，欧美国家喜欢泡咖啡及奶茶，咖啡器具除了杯盘之外，还需要配套奶壶、糖罐、小汤勺等，同时在装饰风格上要保持协调一致。这批学生从生产简单的杯碟套着手，直至后来设计出符合外国人使用习惯的成套咖啡茶具。陈衡、叶竹青为枫溪陶瓷产区设计的一大批品种丰富、风格独特、纹饰新颖的咖啡茶具套，不仅在国内各种评比会上获奖，在每年春秋两季的广交会上也得到外商的认可，为枫溪陶瓷产区茶具产业化做出了贡献。例如，陈衡设计、瓷五厂生产的 15 头团结咖啡茶具、15 头碟式咖啡茶具；陈衡设计、枫溪陶瓷研究所生产的

---

① 广东省大埔县陶瓷志编纂小组编:《大埔陶瓷志》(内部资料)，1987 年，第 93 页。

15 头刻花红釉咖啡茶具；叶竹青设计的 9 头釉下堆色土装饰工艺葵花茶具；陈衡、叶竹青合作设计，潮安华侨机械瓷厂生产的 15 头釉下堆花青春咖啡茶具。

1966 年，在秋季广交会评比中，共有九套产品获奖，称为第一类产品。其中三套来自江西、湖南、山东陶瓷产区，其他六套均来自潮州的枫溪陶瓷研究所，分别是陈衡设计的《青春咖啡茶具》《新果茶具》《健身茶具》《团结咖啡具》《健康茶具》和张立观设计的《长春咖啡具》。这是枫溪陶瓷业经过十多年的发展，在产品的原料、设计、成型、烧造等方面取得的重要突破，标志着潮州日用成套瓷进入高档次行列的新起点。（见图2-1）

图 2-1　陈衡《青春咖啡茶具》

同年，瓷一厂生产绿釉描金 5 头中茶具，这些成套咖啡茶具既可作咖啡、奶茶用具，也可作绿茶、红茶用具，可见实用性是这一时期外销茶具的特色之一。

60 年代，国内市场的朱泥茶具逐渐被瓷器茶具所替代。这个年代提倡大众简便生活，泡工夫茶成为一种奢侈的生活方式，只有少数人才能享受。朱泥茶壶、工夫茶逐步被提梁直腹瓷壶、大杯茶取代，瓷质执壶和盖杯成为茶具产品的主要类型，题材多反映人们的日常生活及生产场面，如先进生产工具拖拉机的使用，以及劳动、读书以求自力更生、为人民服务的积极思想，出现了"无限风光在险峰""读毛主席的书，听毛主席的话，照毛主席的指示办事""大海航行靠舵手，干革命靠毛泽东思想""祝我们伟大的领袖毛主席万寿无疆""广阔天地炼红心""为人民服务"等口号式标语。

这些陶瓷茶具以独特的形式记录了当时人们生活的情景与政治、经济面貌，我们可以从中了解当时社会的主流价值观。传统工夫茶具也有少量生产，陶质、瓷质皆有，有花卉、竹叶、山水等纹饰，也有色釉、五彩、红绿彩等装饰，而普宁贵政山的茶叶罐则在酱褐釉上开光，描绘山水或花鸟图画，署诗文、时间或陶社名称。此时朱泥小茶壶的生产已衰落，原来从事茶壶生产的工人大都改行从事其他陶瓷产品的生产。

70年代初期，潮州工夫茶再次兴起，为陶瓷茶具的大量生产创造了市场。这一时期，陶瓷茶具与电炉、煤油茶炉、红泥风炉成为家家户户必备的饮茶器具；而后红泥风炉因使用不便被逐步淘汰。枫溪陶瓷厂、社为适应社会需求，开始生产工艺精致的朱泥刻画花茶船套和褐釉工夫茶具套。老艺人发挥传统技艺专长，采用手拉成型的方式生产茶船，并在上朱泥土水后的泥坯器腹上刻画梅、兰、菊、竹等图案，构图简洁，线条流畅，胎色与土水的朱泥色形成色彩层次分明的效果。这种产品与朱泥壶及白瓷（白玉令）杯配套，别有一番韵味，具有极高的审美价值。如1972年，潮州炻瓷厂（潮安陶二厂前身）生产的6头小茶具，由朱泥的茶船和茶壶、白瓷杯组成，茶船腹上刻画图案作装饰；而朱泥茶具由茶盘、茶壶和耳杯组成，均刻画图案作装饰。

其时，枫溪彩瓷茶船套应运而生，以外销市场为主，如瓷五厂生产的15头釉下堆花新彩茶具、瓷三厂生产的釉下彩红梅6头茶具、瓷八厂生产的15头釉下堆花萱花茶具和15头蓝釉潮锦茶具、枫溪陶瓷研究所设计的15头釉下堆花茶具。这些彩瓷茶具套装是枫溪陶瓷研究所和陶瓷厂的设计人员在潮州传统工艺的基础上，借鉴外国餐具、茶具造型的处理手法，根据组合器皿造型的大小、高低之分进行设计的，套具主次分明，整体协调，既强调了适用性，突出艺术效果，又提高了生产效能。这一时期的茶具产品瓷质白润，纹饰简单，线条简洁明快，整体清新淡雅，富有艺术感，在每年的广交会上都深受外商欢迎，订单不断，成为外贸陶瓷的重要品种，赢得大量外汇。

这一时期，工艺陶品的生产品种也得到了丰富。早在 1968 年，位于凤塘镇的潮安工艺陶瓷厂就对紫砂陶产品进行摸索试制。1975 年，紫砂陶潮州工夫茶具——红罐，经过研制顺利投产，并陆续投放到市场。1977年，潮安工艺陶瓷厂聘请擅长造型和美术设计的邢宜通到厂，充实了技术力量，极大地改善了紫砂工艺陶的造型和花色。1978 年，该厂紫砂工艺陶壶《梅雀》，被选送参加全国工艺美术展览会。

潮州紫砂陶壶特点是，具有无釉品格，表里质地一致，不施釉而色泽艳润，古朴大方，典雅精致。在物理性能方面，具有适应骤然冷热的特性，能在 20℃~150℃连续交换温差而不开裂，盛茶越宿不馊，含铅、镉等重金属渗出量低于 5 ppm，适宜冲茶、贮茶。艺术造型上分为"仿苏罐""瓜""葫芦""竹古"等造型壶（罐）类，形象逼真，古色古香。产品质地也十分讲究，充分体现了紫砂陶器表面平滑、质地细腻的本色美。[1]由于潮安紫砂工艺陶产品兼有美观、实用的特点，因此在当时极为热销。

在计划经济时代，潮州陶瓷是广东外贸的重要商品，肩负着为国家创汇的经济任务。潮州茶具、咖啡具等精美彩瓷套装和高档成套瓷产品是日用瓷中重要的外销品种，在广东省轻工业厅的大力支持下，成功销往海内外。同时，陶瓷业的技术革新，也快速地提高了潮州茶具等陶瓷产品的质量，使其在海内外市场中更具竞争力。

## 二、技术革新促进茶器的质量提升

潮州陶瓷工业生产体系在建立和完善的过程中，从生产技术的改革到

---

① 参见潮州市工艺美术志编写组：《潮州市工艺美术志·产品志》，1986 年，第 34 页。紫砂陶壶料即由潮州青毛山风化石与本地黏土调配而成，也属潮州朱泥壶。

生产设备的更新，都离不开国家的大力扶持。在 1961 年到 1976 年的 16 年间，国家对枫溪瓷区共投资 253 万元和外贸出口贷款 288 万元[1]，使刚建立起来的陶瓷工业体系得以进行大规模的改造和建设。潮州陶瓷业首先通过投资和贷款建设矿山；其次把原有分散、矮小、昏暗破烂的生产作坊全部拆除，改建成高大宽阔、通光明亮的新工厂，使生产布局更加紧凑合理，更能适应现代化设备的使用；最后是更新生产技术和设备，研试、使用胎釉新配方，淘汰落后的手工成型生产，使用机械成型，将新技术和新材料应用到装饰工艺上，并增加新型窑炉设备。

## （一）胎　釉

传统的潮州陶瓷作业，制坯基本上采用单土成瓷的做法。1958 年，潮安瓷二厂成立试制组，专门研究细瓷生产，经试验，成功地使用了飞天燕瓷土、长石等多种原料配方，质量符合细瓷标准，改变了传统的单土成瓷，多种原料配方因此诞生。[2]

1963 年，广东省枫溪陶瓷研究所与瓷厂合作，研制出多种瓷泥配方，适应了不同品种的瓷器生产，如 42 号瓷泥配方、43 号瓷泥配方、35 号细瓷配方等。1965 年后，传统单土成瓷的做法日渐式微，制坯瓷泥均使用多种原料混合的配方，品种多样。

在技术进步、研发力度加强、产品生产需求多样等因素的共同作用下，新釉料品种层出不穷。1959 年前后，潮安县国营工业瓷厂第三车间研究生产了石灰釉，用其烧制成的产品质量较好。但由于石灰釉料球研磨时间较长，受设备条件限制，无法大批量生产。[3]1964 年，受欧美市场影响，枫溪转生产外销细瓷器。枫溪陶瓷研究所研究出由石英、长石、大理石、高岭土、黏土等组成的新釉料，即长石釉。使用长石釉烧制出来的瓷器光白温润，虽透明度较低，但十分符合细瓷的要求。之后，长石釉代替了传统的谷糠釉，大量投入生产。

① 参见杨光远总纂:《潮州陶瓷志》,潮州:潮州市地方志办公室,2006 年,第 39 页。
② 参见杨光远总纂:《潮州陶瓷志》,潮州:潮州市地方志办公室,2006 年,第 46 页。
③ 参见杨光远总纂:《潮州陶瓷志》,潮州:潮州市地方志办公室,2006 年,第 48 页。

随着瓷泥、瓷釉产量和质量的不断提高，传统的原料制备中繁重的体力劳动也逐步为机械替代，淘洗设备从大水缸发展为淘洗池。1960 年，潮安华侨机械瓷厂首先使用机碓代替人力碓，同年购进 2 台真空练泥机，取代脚踏和手工搓练；1961 年，潮安陶三厂开始用耐酸陶罐作为小球磨研磨原料；1962 年，潮安华侨机械瓷厂购进了 4 台球磨机，是潮州市最先使用球磨机的单位；1963 年，雷蒙机在潮安华侨机械瓷厂投入使用；1964 年，部分瓷厂开始引进、使用 2000 高斯湿式磁选机、压滤机和电动六角筛；1966 年基本实现原料制备机械化；1978 年前后，开始应用 10000 高斯湿式磁选机，使原料铁杂问题得到较好解决；1983 年，潮安瓷三厂首先使用不锈钢真空练泥机。这些机器的应用，极大地提高了产品的生产效率。

这一时期，枫溪陶瓷研究所等专业团队进行的胎釉配方科学试验，为潮州陶瓷质量的提高做出了重要贡献，促进了潮州陶瓷工业产品的细瓷化，细瓷逐渐取代粗瓷产品，各个瓷厂都从普通瓷生产转向细瓷生产。潮州细瓷茶器的胎质较粗瓷更加白润细腻，生产品种由原来的成套茶具、咖啡具转向专用的中茶具及工夫茶具，装饰方面除釉上彩、釉下彩外，还首创高温釉下花纸。70—80 年代，潮安瓷三厂、瓷五厂为主生产的成套白瓷产品将潮州工夫茶具推向高峰，茶器产品更加丰富，更上档次，市场竞争力也更强。

## （二）成　型

20 世纪 50 年代之前，潮州陶瓷的制坯，多数采用传统蘑菇车手拉成型。

1954 年至 1955 年期间，广州人民美术社派工作组到枫溪指导陶瓷生产工作。工作组由组长袁子云及 15 名组员组成，他们改进了枫溪的注浆成型工艺，极大地提高了枫溪瓷业的生产技术。

1956 年以后，注浆成型技术开始较多地应用到一些器型复杂、不规则或体积较大的瓷坯制作上。到 1958 年，注浆成型技术得到改良，潮安瓷二厂利用轮盘的离心力浇注杯坯和壶柄，提高了瓷坯的制作质量。

60年代初，由于陶器在生产发展上追求高速度，传统手拉坯茶壶的制作效率低、产量少，逐步被淘汰，取而代之的是高效高产的注浆壶。注浆壶造型以水平壶为主，部分落款为"中国枫溪"四字两行篆书印。还有陶社派学员章永添等人到宜兴学习新技艺，回来后他们在陶社红罐组开始采用一些新的成型工艺，有效地提高了朱泥壶的生产效率，其产品款式为"潮安陶社"。当时，红罐组四五十人，每天制鼓形壶在1 000支左右，茶船200个[1]，也生产配套的朱泥茶罐，造型多为长颈圆腹，腹部刻画山水纹作装饰。1965年，潮安第一陶器厂章永添与吴克仁（1916—1998）创作的朱泥刻画山水纹天球茶叶盖罐，在枫溪传统的技艺上略做创新，使之与朱泥茶具配套。

1965年，枫溪瓷区制坯，开始采用机械旋压成型的工艺。旋压机由辘轳车和旋压刀组成，成型时将适量泥团放入辘轳车机头的石膏模内，机器开动，石膏模随机头旋转，这时，用人工或机械操作刀具慢慢下压，把石膏模内的泥团压挤刮削，直到完成瓷坯制作。旋压成型法常用来制作杯、碟、碗类产品。这种新的成型工艺不断改进，从单刀旋压成型发展为双刀旋压成型，又从手工控制刀具发展到利用半自动旋压机的凸轮控制刀具。旋压成型法设备简单、适应性强，被潮州各瓷区的日用瓷厂广泛采用。

到1976年，潮州陶瓷成型工艺全面使用辘轳机、双刀辘轳机旋坯成型。很多大厂还建成修坯、上釉直至验坯的流水作业线。传统手工成型的方法被淘汰。红罐茶壶的生产，从手拉坯转为注浆成型，但受白瓷批量生产的影响，红罐茶壶的生产量逐渐减少，其影响力也逐渐减弱。

## （三）窑 炉

20世纪50年代，为保护环境、提高烧成度，窑炉设备在龙窑的基础上发展倒焰窑、轮窑、隧道窑等，日趋于连续式生产；烧成工艺从氧化焰转化为还原焰，烧成质量日益提高。

---

[1] 根据章永添先生（1926—2011）口述，采访时间：2008年9月30日上午，采访地点：西塘，在场人：章燕明。

1958 年，潮安华侨机械瓷厂建了一座倒焰窑，这是枫溪最早引入的新型间歇式窑。由于倒焰窑具有结构简单、烧成制度调节容易、适应多品种多规格生产、燃料以烧煤为主等优点，很快为各瓷厂所接受。到 1969 年，全系统已扩建倒焰窑 11 座，代替了部分龙窑。同年 11 月，潮安陶三厂建成一座长 200 米、内宽 3 米、内高 2.5 米的轮窑，以松枝、山草为燃料，提高了热利用率，拓宽了产品的适应范围。

1966 年，潮州陶瓷产区大规模进行窑炉更新。潮安华侨机械瓷厂又建了 4 座 100 立方米倒焰窑，从烧制普通瓷转烧细瓷。潮安瓷二厂、瓷三厂也相继建了 6 座 100 立方米倒焰窑，用于烧制细瓷。[①]

但是，随着陶瓷工艺的发展，市场对瓷器的要求日益增多，尤其是对质量的要求也越来越高。而倒焰窑的装窑、出窑均为人工操作，劳动强度大，也增加了生坯和瓷器在搬运中的破损，产品质量因受煤质、加煤操作等外界因素影响而不稳定。这些因素制约着倒焰窑的发展。

1966 年，潮安瓷一厂建成潮州第一座烧煤隧道窑。隧道窑是一种能够将产品连续烧成的现代窑炉，可以充分利用热能，实现不间歇连续生产，产量大，产品质量稳定，白度及光亮度较高。隧道窑的使用，使瓷器烧制技术进入了一个新的阶段。此后 10 年间，潮安县几家大厂和饶平县新丰瓷厂也先后建成隧道窑，并将燃烧窑从烧煤改为煤油混烧或烧油。

窑炉设备的革新，提高了潮州茶器产品的生产效率和产品的质量。茶器的生产进入规模化、标准化生产的阶段。

（四）装　饰

20 世纪 50 年代之后，在陶瓷工业体系的构建过程中，瓷土配方、成型工艺、烧成技术不断进步，装饰工艺也推陈出新。潮州茶器的生产效率提高，向系列化、工艺化发展，而新材料、新技术的运用也使茶器产品装饰技艺的地方特色更加鲜明。

---

① 参见杨光远总纂：《潮州陶瓷志》，潮州：潮州市地方志办公室，2006 年，第 57 页。

潮州的釉上彩、釉下彩等传统装饰工艺在 20 世纪 50 年代之后有了新的发展，60 年代之后，枫溪陶瓷研究所也相继研发出色土、开片色釉等新的装饰工艺，丰富了茶器产品的装饰效果。

（1）喷花、贴花等技术。

50 年代，潮州陶瓷业朝半机械化、机械化方向发展，手工彩瓷开始不适应生产发展的要求。刷花、喷花、印花、贴花等新技术逐渐成为彩瓷生产工艺的主流。

①刷花。在 50 年代的技术改革中，大埔陶瓷产区的技术工人创制了釉下刷花工艺。这种装饰工艺使产品纹样规格一致，效率又比手工彩绘提高两至三倍，因此被广泛应用于瓷质提梁茶壶装饰，促进茶壶规模化生产。

②喷花。1956 年，高陂彩瓷工艺社采用喷花装饰，即将颜料通过丝网喷于瓷器上，然后加彩。喷花装饰的纹样清晰，色彩有浓有淡，雅致美观。它由简单的色边、色地到复杂的山水、人物、花鸟、鱼虫以及各种图案纹样，种类相当丰富，主要用于大件壶类产品的装饰。[1]

③印花。1956 年，玉顺彩瓷联作组开始使用印花工艺代替手绘。高陂陶瓷产区也开始在瓷器的商标（又称底标）上使用印花工艺，如"中国高陂制造"。后来也应用于釉上彩和釉下彩。1965 年，由于技术革新，印花工艺应用广泛，图案有花边、蓝鹤图等。至 70 年代，大埔县彩瓷厂成功研制出先进单色和套色自动印花机，印花线条工整，套色准确，效率大大提高。[2]印花可分为釉上、釉下两种，广泛应用于提梁壶、茶盘等茶器的彩饰。

④贴花。50 年代高陂陶瓷技术学校复办后，专门研制釉下贴花纸、釉上贴花纸。1954 年，高陂陶瓷收购站成立生产技术指导组，除进行彩画的创新外，由郭寿民、柯祥等人继续从事贴花纸的研究，生产单色贴花纸，以供生产部门应用。这一时期，贴花纸工艺比较粗糙，图案只有蓝鹤图、绿花卉等，大埔县彩瓷厂大多还是从外地购进釉上贴花纸用于日用瓷装饰。

---

① 杨云山编著：《大埔陶瓷》，广州：广东人民出版社，2008 年，第 153 页。
② 广东省大埔县陶瓷志编纂小组编：《大埔陶瓷志》（内部资料），1987 年，第 158 页。

1957 年，汕头市建立花纸厂。由于釉上贴花装饰色彩艳丽，花纹雅致，操作简易，工效较高，被广泛应用于普通日用瓷和出口细瓷的装饰。

1965 年，潮安陶瓷工业公司从各单位抽出具有实践经验的工人和工艺美术人员，组成公司工艺美术设计室，设计室分产品器型创作组和花面设计组。公司工艺美术设计室与各厂和汕头花纸厂、潮安陶瓷颜料化工厂紧密配合、共同研究，设计出来的新器型易于投产，创作出来的花面与颜料相适应，新设计的图案在花纸厂能够很快制版印刷，供给瓷厂使用，提高了生产效率，促进了日用瓷、茶具、咖啡具的批量化生产。

1966 年以后，随着日用细瓷的大批量生产，釉上贴花技法后来居上，代替了部分手工描绘，提高了生产效率，且花面效果可与手工描绘相媲美。因此，贴花在提梁壶装饰中所占的比重越来越大。汕头花纸厂年产釉上花纸 1 200 万~1 300 万张，基本满足 70 年代广东陶瓷的需求。其中深蓝绿、橄榄绿、圆子红、桃红花边均是该厂的名牌产品，大量应用于港澳茶楼酒馆用瓷的装饰。

釉下贴花纸也开始研制使用。大埔是釉下彩的传统产地。1966 年，大埔县彩瓷厂着手进行釉下贴花纸的研制，派出技工廖奕锦、林天忠、刘南振三人到湖南省醴陵学习，回来后经多次研制试验，获得成功。1967 年，研制成功的釉下贴花纸投入大批生产，深受用户的欢迎，除供应本区外，还供省内外陶瓷企业使用。

70 年代初，欧美通过广交会和香港转口贸易进口潮瓷产品，但有的釉上贴花纸装饰工艺因颜料质量不高、窑炉设备落后，达不到出口美国及西欧的瓷器铅、镉溶出量不能超过 7ppm 和 0.5ppm 的要求，不被欧美国家所接受。为解决这一难题，潮州陶瓷从业者对釉下彩生产进行攻关。潮安瓷三厂的吴为明承担试制釉下贴花纸工艺的任务，通过高温烧成解决陶瓷铅、镉超标的问题，成功攻克这一技术难关。他根据成套的日用瓷系多件不同造型器皿的组合，从工艺分析上既有"立面"产品，又有"平面"产品，大小不一，故成型手段和施釉方式各不相同，总结出一套切实可行的新工艺操作规程，设计出一批釉下彩贴花茶具。[1]1978 年，国家轻工业部召开第一次高档成套瓷研制座谈会，潮安县陶瓷工业公司的瓷三厂被定为全国 16 家研制成套瓷的重点厂之一。[2] 自此，釉下贴花纸装饰工艺开始大量应用于茶具、餐具等日用瓷的批量生产，瓷质茶器也进入新的发展阶段。（见图 2-2）

图 2-2 吴为明高温釉下贴花纸茶具套

20 世纪 70 年代初，随着欧美国家进口潮瓷产品的剧增，潮州陶瓷行业在广东省有关部门的大力支持下，投入资金、人力，研制符合欧美市场需求的产品。潮安瓷三厂经过科技攻关，终于研究出高温釉下贴花纸，为日用瓷、茶具、咖啡具等成套产品的生产奠定了基础。

（2）手工彩瓷。

喷花、贴花等装饰技艺的使用，大大促进了潮州茶器生产的发展，但传统的手工彩绘并没有被完全替代。

---

① 李炳炎：《潮州窑历代茶具》，深圳：深圳报业集团出版社，2016 年，第 97 页。

② 赖小娟主编：《吴为明陶瓷艺术作品集》，广州：广东旅游出版社，2015 年，第 181 页。

50 年代后，高陂在原有的釉上彩技术基础上加以创新，并广泛应用于茶具、咖啡具等细瓷产品的装饰，生产大量釉上彩瓷器，销往国内外市场。

1962 年以后，随着潮安彩瓷厂的建立，彩绘人员不断增加，艺术创作水平也不断提高。在茶器的装饰中，粉彩因其色彩丰富、柔和素雅，在国内外市场中占有一定地位。

1965 年以后，应市场需要，潮州生产大量细瓷，潮彩被广泛用于茶器产品的装饰。潮彩装饰图案丰富，以山水画、花鸟虫草为主，并在生产过程中不断发展创新，逐渐成为潮州陶瓷装饰的一大特色。

釉下贴花工艺不断在生产中得到推广，釉下手工彩绘仍为彩瓷重要的技术手段。

1975 年以前，潮安瓷三厂拥有装饰釉下手工彩绘技术。先在坯体上底色，再在底色上加彩所需纹样，近似色土又有釉上粉彩的效果，烧成之后花纹凸起，呈现立体感。

1976 年，潮安瓷三厂接受了广东省委下达的任务，制作一批用于国庆宴会的 92 头餐具。由于时间紧迫，单靠手工彩绘无法按时交货，试制组遂大胆试验，自制底版及工具，采用装饰釉下贴花纸，最终获得成功，从此这种装饰工艺得到发展。潮安瓷三厂的釉下彩以釉上粉彩的技法区别于国内其他瓷区的釉下彩，其保留了手工彩绘花纹的风格，使画面有深浅，具立体感，色彩素淡，晶莹润泽，永不褪色，不仅在国内独占鳌头，在国际市场上也有较强的竞争能力。

（3）色釉。

1962 年，枫溪陶瓷研究所色釉组首创将着色剂加入坯料中，成功研制出醉红、粉绿、浅赤、粉蓝四种色土。[1]

1964 年，该所色釉组对枫溪传统颜色釉进行整理和调试，系统总结了十五种传统颜色釉的配方和工艺要点，同时新开发了碧绿、桂花黄、天

---

① 邱伟志编撰：《薪火相传，光耀南粤（1959—2009）：广东省枫溪陶瓷工业研究所建所 50 周年纪念册》，2010 年，第 8 页。

蓝、素蓝、锆黄、紫红等高温色釉，满足了当时高级茶器装饰的需要。[①]

1967 年，潮州陶瓷产区又开发了黄、深青、蓝、浅绿、红五种颜色，形成了较为完善的色土系列。1972 年创制了锰红、玉青、蓝三种色土。到 80 年代，已发展出红、黄、蓝、绿、青、紫、赤、灰八个色种二十多个色调。[②]

色土广泛应用于日用茶器的装饰，其釉色莹泽，秀美活泼，呈色稳定，为潮州陶瓷素雅大方的装饰风格提供了必要的材料基础，解决了以往釉上彩材料易脱落的问题。

随着二十世纪六七十年代潮州陶瓷工业体系的建立，陶瓷产品逐渐向半机械化、机械化方向发展，茶器产品作为外贸陶瓷一大品种，赢得大量的外汇。这一时期，由于陶瓷的技术革新，茶器产品在胎釉、成型、烧成、装饰等方面得到快速发展，同时出现吴镜河、吴克仁、佘济岩、吴为明、陈衡、陈仰梅、叶竹青等一批优秀的瓷质茶器设计者，他们设计出既有地方特色，也适用于外国消费者的精致咖啡、茶器产品，使茶器成为潮州日用瓷的一个重要品种。

# 第三节　改革开放后的潮州茶器

1978 年 12 月，党的十一届三中全会正式揭开了中国改革开放的帷幕，中国开始实行"对内改革、对外开放"政策。潮州作为粤东地区的沿海港口城市，有着海外贸易的天然地理优势和深厚的历史底蕴。在国家政策的鼓励下，潮州陶瓷产品迅速恢复了正常的出口贸易，并紧紧抓住机遇，发挥传统优势，扩大外销业务，对外贸易出现了前所未有的广阔前景。在国

---

① 邱伟志编撰：《薪火相传，光耀南粤（1959—2009）：广东省枫溪陶瓷工业研究所建所 50 周年纪念册》，2010 年，第 8 页。

② 参见杨光远总纂：《潮州陶瓷志》，潮州：潮州市地方志办公室，2006 年，第 66 页。

家方针的指引下，潮州陶瓷业先从对外贸易活动开始进行改革。

1979 年 7 月，汕头市试办出口特区；1980 年 5 月，汕头出口特区改称为"汕头经济特区"。在 1981 年秋季广交会上，中国工艺品进出口总公司重申港澳茶楼酒馆用瓷仍由汕头专营。这一年，汕头口岸陶瓷出口创历史纪录，达到 1 824.92 万美元。①

1983 年，撤销汕头地区建制，实行地市合并，组建汕头市陶瓷工业总公司。同年，潮安县并入潮州市，潮安县陶瓷工业公司所属各企事业单位归属潮州市陶瓷工业总公司管辖。

在汕头经济特区的带动下，潮州陶瓷业出现了新的飞跃。为进一步拓宽外销渠道，增加出口创汇，汕头市陶瓷工业总公司充分利用特区优惠政策，发挥特区的窗口作用，建立了包括市属外贸专业公司、特区陶瓷公司、县属专业出口公司、工厂自营出口公司在内的陶瓷产品出口网络，有多渠道、多口岸、多形式、多门路四个层次。产品销往世界 60 多个国家和地区，出口值占全行业总产值的 70% 左右。据统计，1983 年陶瓷工业总值已有 8 700 多万元人民币，出口创汇 1 800 多万美元。②

汕头中国旅行社是海外华侨回乡的主要居住旅店及集散地，客流量大。捕捉到商机的汕头人开始在旅行社周围经营地方土特产及特色工艺品，其中朱泥茶壶便是一大品种。潮州几大老作坊传人见那些店客源不断，生意兴隆，便将之后生产的少量产品，连同次品的朱泥壶私下卖给这些茶器店。

与此同时，潮州也因其地理位置及侨乡优势，在海外华侨回乡探亲之时与其洽商投资创业，其时侨乡民众赴港澳及东南亚探亲旅游的人数也日渐增多。潮州从家庭到各类场所，饮用工夫茶之风又开始流行。此外，潮州一些特色工艺品如陶瓷、朱泥壶等因受到华侨、侨属的青睐，多作为手信被带到海外。潮州枫溪车站一带的陶瓷零售店、开元路的古玩店及茶叶店销售的朱泥壶也吸引了福建及台湾的一些收藏爱好者上门选购。古壶的

---

① 汕头市对外经济贸易委员会编：《汕头外贸志》（内部资料），1993 年，第 105 页。
② 汕头市陶瓷工业总公司编：《汕头陶瓷志》（内部资料），1990 年，第 12–13 页。

畅销促使一些古玩商人到潮城及枫溪的大户人家收购其家藏的老朱泥茶壶，或到枫溪作坊购买精品老朱泥茶壶，再将其转售给香港、台湾的古玩商人。

枫溪一些制壶老字号如"源兴号""源兴炳记""源兴河记""安顺""俊合号""祥记""荣记"等瞄准商机，四处寻找朱泥原矿，开始家庭小作坊生产。他们采用电动拉坯机制作手拉朱泥壶，再将样品送至枫溪车站的陶瓷零售店代售。当时泰国及中国台湾、香港等国家和地区的古玩商人通过枫溪车站的陶瓷零售店接触到这些老字号的后人，让壶艺师依样仿制自己带来的壶样或茶壶彩版书籍，一些客户还提供印章。例如，"源兴号"吴锦河生产模制朱泥的花货壶和仿古大壶；"源兴炳记"吴培鑫、吴培镇生产朱泥小壶；"俊合号"谢仲华、谢锦华、谢华兄弟三人定制各式朱泥及紫砂茶壶，款式手把印款有俊合及袁义和，壶底手刻"诗文·孟臣""福记·鸣远"等，所有的手刻文字款都由谢锦华手刻（如"赏玩夜忘归，逸公"手划款磨光壶）。每把定制壶的价格从十几元、几十元、一百元到三百元不等（见图2-3）。

图2-3　谢锦华、谢华磨光君德壶

壶因茶兴，潮州凤凰单丛茶产量的提升，也促进了本土工夫茶器的发展。1984 年，国家对茶叶购销体制进行改革，取消统购统销政策，放开市场，在茶叶生产上实行联产承包责任制。茶园承包到户，茶农的积极性得到调动，凤凰单丛茶在此机遇下迅速发展（见图 2-4）。茶农扩大生产规模，茶叶产量猛增，凤凰镇也成为全国茶叶生产专业镇之一。茶器作为饮茶器具也随之得到发展。

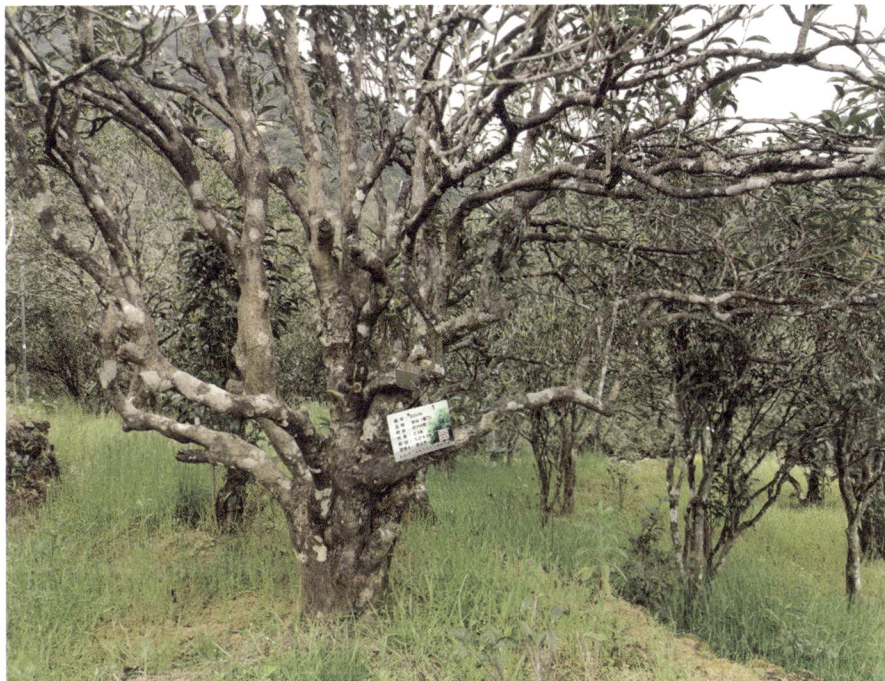

图 2-4　凤凰大安古茶树园（李炳炎摄）

为贯彻党的"八字"方针，陶瓷行业开始进行整顿、调整。潮州陶瓷产区主要针对三个方面：一是所有制和承包责任制；二是企业内部的改革，涉及分配制度和劳动用工制度；三是流通领域的改革，主要表现为扩大企业部分产品自产自销的权力。

经过改革，潮州陶瓷企业由过去的国营商业公司垄断经营发展为国营、集体、个体一起经营；由过去的"工业管生产、商业管销售"发展为企业除生产外，还有权自销自己的产品。改革开辟了多种流通渠道，潮州陶瓷产区各企业积极参加国内各种交易会，主办或参加展览展销会，乘机开拓外地陶瓷市场。生产厂家与销地客商直接见面洽谈业务，保证产品适销对路，有力地扩大了陶瓷内销市场。

以潮州市陶瓷工业总公司及所属企业的销售为例，1978年、1982年、1985年的自销量分别为3 102万元、3 481万元、4 708万元。潮州市陶瓷工业公司发展到1986年，已拥有24家厂，工厂、车间遍布于枫溪、长美、堤头等地，职工总数10 226人，成为潮瓷生产的大企业，年产5 000多万件，产值4 000多万元，出口值2 588万元。产品主要特点是瓷质洁白、器型优美，素有玲珑细腻、清新素雅的美誉，主要销往世界100多个国家和地区以及国内大多数省、市、自治区。①

陶瓷行业体制的改革使得1983年后潮州陶瓷的民营企业如雨后春笋般出现，成为陶瓷行业一支新的力量。到1985年止，饶平县有民营彩瓷厂200多户；潮州市枫溪镇也有几百户，到工商部门登记的有123户②。其他产区，如普宁市贵政山、梅塘镇长美村及揭西等地也有不少生产茶叶罐、茶盘的企业。在市场需求的拉动下，茶器成为日用陶瓷中的主要品种之一，促进了陶瓷企业的发展。

80年代中期，潮州彩瓷总厂、枫溪国营彩瓷厂、乡镇瓷厂生产的彩瓷茶具销售旺盛。彩瓷成套茶具多以梅兰竹菊或鱼虾动物等装饰，借鉴国画写意的画风，风格素雅。随着改革开放的深入，中国台湾及泰国、新加坡的潮商更是慕名前来，寻找老字号制壶作坊购买朱泥壶。原朱泥壶作坊后人抓住这一商机，纷纷在家中设立作坊生产手拉壶，出现了家族三代、四代共同制壶的场面。

随着茶壶需求量的增大，一些壶艺师开始建立专业的朱泥壶作坊，四处寻觅矿石以提高泥料质量，生产更为高档的传统茶壶。壶艺师尝试配制紫砂泥，创造了红泥和紫泥并存及以粉彩花蝶为装饰的新工艺，以手拉坯或模制手法成型，力求与客户提供的样品相似。部分产品的器型、铭文、

① 参见杨光远总纂：《潮州陶瓷志》，潮州：潮州市地方志办公室，2005年，第121页。
② 参见杨光远总纂：《潮州陶瓷志》，潮州：潮州市地方志办公室，2005年，第42页。

印纹按客户要求定制，印款一般是作坊名号，如源兴、源兴炳记、安顺、俊合、祥记、荣记等。这些产品主要销往东南亚及中国港澳台地区。至此，枫溪手拉朱泥壶的生产蔚然成风。

瓷质茶具发展同样迅猛。釉下贴花纸装饰工艺的应用提高了瓷质茶具的生产效率，为满足国外市场对精美套装茶具产品的需求，枫溪陶瓷研究所和陶瓷厂的设计人员在符合国外审美趣味的基础上，吸收古代茶具图案装饰的精髓和潮州工艺美术特色，设计、制作出各式高档釉下贴花纸的中西餐具和茶具。这些茶具产品一经推出，便在国内陶瓷界尤其是日用瓷产区引起反响，在广交会上得到国内外专家及客商的一致好评，在国内的各类陶瓷评比大赛中也屡创佳绩，如潮安瓷三厂吴为明、陈仰梅、佘文荣等创作的茶具产品多次获奖。1980 年在"第一次全国陶瓷美术创作设计评比会"上，吴为明创作的《釉下彩 15 头春色茶具》、陈仰梅设计的《釉下彩 15 头缠枝莲茶具》《釉下彩 15 头蜀葵茶具》均获得三等奖。1982 年，吴为明创作的《釉下彩 15 头丹阳茶具》产品在全省轻纺工业"四新"产品评比中荣获三等奖。同年，佘文荣创作的《釉上彩 6 头雪景潮州工夫茶具》荣获轻工业部全国陶瓷评比优胜产品奖。1984 年，轻工业部在长沙召开全国陶瓷行业产品评比会，吴为明的《釉下彩 6 头芍药工夫茶具》获优质产品奖。此外，1984 年，"古凤牌"紫砂工艺陶潮州工夫茶具，因器型古雅大方，线条清晰顺畅，结构紧凑，质地精密，色泽艳润，保温性好，泡茶不失原味，越宿不馊，出水流畅，荣获广东省优质产品奖。同年，该产品被送全国陶瓷行业产品评比会且被评为优质产品第二名。这一时期，不少优秀的茶具产品更被部分名茶产区作为外包装设计元素之一，组成各式商标。

80 年代后期，潮州陶瓷工业形成了以全民所有制为主体，集体、乡镇企业、个体等多种经济成分并存的新格局。国营企业、集体企业凭借原有的基础和实力快速发展，合资企业和民营企业则大胆实干，奋勇争先，使产业出现"百舸争流""百花齐放"的新景象。潮州瓷区成为我国主要陶瓷产区之一。[①] 陶瓷品种齐全，款式多样，瓷质洁白，器型优美，持续保持产销两旺。枫溪陶瓷研究所和各国有陶瓷厂涌现出很多优秀的陶瓷设计、产品研发人员，他们有的是科班出身，有扎实的专业陶瓷知识，并在长期的工作实践中不断积累经验；有的是艺徒出身，有着丰富的从业经验，并在工作中不断学习专业理论知识，利用工作机会到美术院校进修，不断开阔视野。这些人都是潮州陶瓷界的中流砥柱，他们将学习到的新知识融合世界潮流和地方特色，将材质、造型和装饰紧密结合起来，研制出一批又一批具整体美感、可批量生产的雅致茶具，在国内日用陶瓷界反响热烈。潮州陶瓷茶具逐步进入国内高档茶楼宾馆，产品出口量增大，深受国内外市场欢迎，其中朱泥壶的销售尤其活跃。由于潮州陶瓷企业率先接触国外客户，信息接收快，外销渠道多，产品的器型和装饰方面融合了国外民族文化和艺术，西洋风格产品的创新和生产领先于国内其他产区。[②]

改革开放之后，在汕头经济特区的带动下，80年代潮州陶瓷业出现了新的飞跃。潮州陶瓷工业从体制到生产技艺、生产规模都发生了巨大变化。民营企业从国有企业及集体企业中分离，成为独立的经营主体，快速崛起，闯出一片新天地，成为潮州陶瓷工业的主力军。在潮州陶瓷业发展的大背景以及工夫茶复兴的推动下，潮州茶器成套产品进入批量化生产，不断创新品种，提高产品质量，赢得了广大的海内外市场。

# 第四节　东南亚潮人陶瓷业与潮人茶器

东南亚地处东西方贸易的中点，多优良码头，自古以来是潮人海上贸易的活跃地区。近代以来潮人下南洋，潮商通过海上丝绸之路将潮州陶

---

①　汕头市陶瓷工业总公司编：《汕头陶瓷志》（内部资料），1990年，第13页。
②　杨光远主编：《瓷都风采录：潮州陶瓷 1987—2012》，广州：华南理工大学出版社，2013年，第5页。

瓷产品大量销往东南亚地区，不仅使潮瓷在东南亚市场占据重要份额，也把潮州窑生产技艺传播至当地，并利用当地的瓷土资源发展"在地化"生产，完成了从"卖缶"到"做缶"的过程。茶器既是东南亚潮人乡土情怀的象征，又是日常必需品，在"卖缶""做缶"中都占有重要的比例。

## 一、新加坡

新加坡优越的地理位置及独特的人文关系，使其成为近代大部分下南洋的潮人主要抵达地之一。移民的潮人中有大量的瓷商及陶瓷业者，潮瓷通过他们由新加坡转口销往马来西亚、印度尼西亚等地。后来国际贸易形势发生转变，新加坡依赖的中国陶瓷器进口受阻，当地的潮人便利用潮州窑的生产工艺发展陶瓷生产业，如新加坡后港及裕廊的陶瓷业是近当代新加坡陶瓷业的代表，可以说新加坡的陶瓷业基本是由潮人发展起来的。

1953 年，中国工商业实行公私合营，新加坡潮瓷经营受到影响。永南丰最先受到冲击，陶发、永成兴、南兴合记、南成公司、生兴森记等相继停业，零售商及二盘商如发栈、南成发、合盛公司、永利记、郭来记、合盛、来发、陈松成等结束营业。新加坡瓷业重心逐渐由大坡北移，部分瓷商转而从日本进口瓷器。

1955 年，中国取消华侨的"双重国籍"身份，新加坡潮人纷纷完成本土化过程，陶瓷业的发展也随之进入本土化阶段。这一时期的陶瓷业开始逐渐转变，从满足简单的日常生活及生产所需转变为在生产上融入当地特色的文化符号。

1957 年春季，广州首次举办广交会，邀请世界各地客商前来订货。这是新中国成立以来，中国对外贸易最重要的窗口之一。此外，中国商品也通过香港、澳门等地区运销至东南亚等地。新加坡瓷商公会在广交会上与上海轻工业品进出口公司签订搪瓷器皿包销合同，五年后又增订日用铝制品包销合同；此外，该公会还增设搪瓷铝器专销组，为其会员经营者提供专销权利。潮瓷及上海、广州的瓷器、搪瓷器、铝器（阿米良）、玻璃器等开始进入东南亚市场。

1965 年，新加坡独立，在新加坡国家政策鼓励下，陶瓷业得到稳步发展，开始引入机器制坯的生产设备，出现了传统手拉坯和机器制坯共存的生产局面。产品主要为当地所需的茶具、咖啡具、餐具等日用瓷及具有当地特色的工艺陶瓷。为振兴本国工业，新加坡对外来货件征收保护税；为提高城市形象，新加坡政府重新规划市区，对破旧沿街店铺进行拆迁改造，拆除美芝路至乞来踏礼士一带及大坡披士街之店屋，碗店口区瓷商暂迁揸峇路，披士街区暂迁北路。此时的瓷商进口业务及正常经营均受到影响。

20 世纪 70 年代，新加坡开始转向发展高科技产业，大量金属及塑料制日用品严重冲击低端日用陶瓷市场，陶瓷业逐渐衰落。80 年代，新加坡政府大力投资基础设施建设，力求以最优越的商业环境吸引外来投资，大量龙窑因占地过大及污染环境被拆除，陶瓷生产业基本被淘汰。

尽管受各种因素影响，新加坡陶瓷业生产在 80 年代后逐渐退出历史舞台，但新加坡的潮籍瓷商对促进潮州陶瓷产品的外销仍起到了很大的作用。他们利用新加坡优越的港口位置，大量购进潮州陶瓷器，然后转销至东南亚各国及欧美地区。如新加坡吴廷祥、吴荣璋经营的泰南公司，在 60—70 年代，作为中国工艺品进出口公司经营的中国瓷器在新加坡的代理商之一，通过广交会订购瓷器等产品，转口销往马来西亚、印度尼西亚。①

## 二、马来西亚

近代潮人下南洋，多到达新加坡，后辗转至马来西亚各地。20 世纪初期，潮人在吉隆坡旁的鹅岭开采锡矿时发现了瓷土矿，后兴建龙窑，利用潮州窑的生产工艺，大量生产符合当地生活、生产之需的日用器。

---

① 参见李炳炎：《近当代新马泰潮人陶瓷业研究》，广州：暨南大学出版社，2017 年。

20 世纪 50 年代，因中国取消华侨的"双重国籍"身份和马来西亚的独立，当地潮人大多加入马来西亚国籍，潮人陶瓷业完成本土化进程。60 年代之前，马来西亚的陶瓷业基本以生产胶杯、花盆、陶缸、陶瓮、陶罐等陶器为主。至 60 年代，由于橡胶种植园逐渐被淘汰，其他材质的日用器具开始充斥市场，以胶杯、陶缸等为主要产品的马来西亚陶瓷业开始转型。陶瓷业除生产当地生活生产所需的陶瓷器外，还应当地城市建设需求，生产大量的建筑及卫生陶瓷，并开始在产品中融入当地达雅文化。陶瓷业在完成本土化之后得到稳定的发展，并开始转向以本土文化为主。

60 年代之后，为推动国家产业发展，马来西亚实施新的经济政策，对各个行业进行扶持，中国陶瓷产品输入受阻。长期以来中国陶瓷产品以物美价廉的优势占据马来西亚大部分市场，在进口受阻之后，市场出现短缺，使得马来西亚的陶瓷业得到迅速发展。马来西亚陶瓷业生产开始引进国外先进的生产设备，应用燃气窑及各种机械，逐渐摆脱落后的生产状况。为适应各地区市场需求及当地人们的审美习惯，陶瓷产品从粗陶器逐渐转变为以细陶和瓷器为主，类型日渐多样。新山、亚依淡因潮人陶瓷业大力发展日用陶瓷及卫生洁具，成为享誉马来西亚的陶瓷之乡，其代表性企业为佳丽登集团。

佳丽登集团旗下有缶涵、陶涵、陶业、陶和、陶光（东方陶瓷）五家公司。创办人陈顺兴，1919 年从枫溪到吉隆坡，后与同乡合作生产陶器。1935 年，陈顺兴在亚依淡开始置地建设柔佛缶涵公司生产陶器。1957 年，四子陈宗正接手经营公司。1958 年，五子陈宗禧完成大学学业，回到企业负责工厂生产技术的管理，并研发新产品。这一时期工厂主要生产陶管及卫生洁具。1968 年，陈宗正和陈宗禧鉴于世界科技进步和自身生产设备落后的状况，大胆引进英国陶瓷生产设备，为陶业有限公司进口英国现代化的隧道窑。1975 年，公司以西式设计生产高端日用瓷具，以先代工、后打造品牌的方式拓展国际市场，同年创立佳丽登品牌。之后，由于品牌知名度的不断提高，佳丽登成为集团的名号。[1]

---

[1] 参考：李炳炎：《近当代新马泰潮人陶瓷业研究》，广州：暨南大学出版社，2017 年。

## 三、泰　国

1957 年之后，受国际政治因素影响，中国与泰国贸易受阻，泰国当地陶瓷市场货物紧缺。泰国政府开始着力发展本土产业，鼓励发展陶瓷业。泰国各地的潮人纷纷寻觅瓷土，踏上发展陶瓷业之路，泰国的陶瓷业迎来重要的发展时期。

20 世纪 60 年代之前，泰国各地的陶瓷业产品基本保留潮州窑的工艺特点。60 年代后随着大量瓷土的发现，泰国政府着力发展陶瓷业，将陶瓷业纳入工业发展计划，加之潮人陶瓷业者无私地传播陶瓷生产技术，泰国多地的陶瓷业进入生产高峰期。泰国北部蕴含丰富的瓷土资源，以中小规模工业为主；南邦和清迈是主要的陶瓷产区，清迈以生产青瓷为主；中部陶瓷工业配有从意大利、日本引进的先进设备，产品质量达到世界水平，其中叻丕生产的龙纹陶缸是一大特色产品；东北部和南部陶瓷厂很少，规模也较小，产品主要满足当地市场需求。[1] 这一时期，泰国的陶瓷产品以当地日常及文化需求为主，泰族及佛教文化开始融入陶瓷业产品，一些潮人陶瓷工厂生产描金五彩图案纹的系列日用瓷。这些仍保持纯手工彩绘工艺、色彩华丽、器型精致的产品，被作为泰国宫廷及佛寺的日用瓷。这也使泰国潮人陶瓷业有了自身的文化特点，开始区别于传统潮州窑，逐渐完成在地化生产。

20 世纪 70 年代之后，泰国多个地区的陶瓷业引进欧洲、日本及中国台湾等国家和地区的陶瓷生产设备，从龙窑转变为煤气窑，从手拉坯转变为机器制坯。它们的产品结构除满足当地市场需求外，还顺应国际市场，产品包括日用瓷、卫生洁具、建筑陶瓷、园林陶瓷、工艺陶瓷等，以欧式的成套咖啡茶具、成套日用餐具等为主，销售市场逐步走向海外，大量出口至世界各地。泰国叻丕、佛统、南邦等地的陶瓷业在潮人的引领下，发展成为当地主要的经济产业。[2]

---

[1]　苏琴达：《泰国的陶瓷工业》，《陶瓷研究》1996 年总第 44 期，第 211 页。

[2]　参见李炳炎：《近当代新马泰潮人陶瓷业研究》，广州：暨南大学出版社，2017 年。

## 四、印度尼西亚

近代潮州窑生产技艺，对印度尼西亚陶瓷业的发展产生了重要影响，成就了一批潮人陶瓷企业，且其产品特征与同时期的潮州窑相同，属潮州窑系。印度尼西亚婆罗洲西加省坤甸市（省会）及山口洋市是客家人的主要聚居地。山口洋市是印度尼西亚主要的陶瓷生产地，主要由揭西客家人及潮州人经营。陶瓷生产作坊主要集中在坤甸至山口洋海滨公路（一百多公里）接近山口洋的市郊。

20 世纪 90 年代，这里共有 15 家陶厂，产品除缸、瓮、罐、碗之外，还有红陶（朱泥）套壶，以"一壶五杯一盘"成套，壶的造型为梨形壶，壶及杯体量较大，皆为手拉成型，其基本工序与枫溪传统技艺相同。这些产品陈列于雅加达陶瓷与艺术博物馆。（见图 2-5）

图 2-5 近代印度尼西亚山口洋工夫茶具套

目前，客家人经营的光明陶厂规模较大，其次为潮州人汤伟强经营的钻石陶厂。

钻石陶厂是潮州人汤德耀于 1938 年在山口洋创立的，经营陶器烧造，之后由其子汤坤祥接手经营。1962 年，汤坤祥在原有窑炉的基础上建成一条三十六目的平地龙窑，主要生产壶、青釉瓷碗、盖罐等瓷器及凉水锅等。20 世纪 90 年代，该厂由第三代汤伟强继续经营，主营陶器烧造。汤伟强二十多岁便跟父亲学习陶艺，老厂的传统平地龙窑至今仍保存完整，不再使用。为增加产品的影响力，汤伟强在老窑厂附近的公路边重建工厂，以前店后厂的格局经营，产品以各式壶、罐、花盆、花瓶、缸、瓮等釉陶器及日用瓷碗为主。[①] 其产品的胎土采集于当地，釉料则采用潮州传统配方，釉色有青、蓝、褐、黄等，成型为泥条盘筑及手拉坯，装饰以贴塑、堆塑加彩，产品以瓮、罐等堆塑龙纹及梅花、竹子等花卉纹装饰的陈设瓷为主。

此外，爪哇土著也生产壶、杯、鼎、炉、钵等日用陶器，其工艺为厚胎、褐釉、中温，造型粗拙。

近百年来，下南洋的潮人不仅经营家乡的茶器、碗、盘等陶瓷产品，还将家乡的陶瓷生产技术传播到南洋各地，由生产日常的砂锅、水钵、胶杯、兰花盆等粗陶器的小作坊发展到出品精致的日用瓷、卫生用瓷、工艺瓷以及工业用瓷等种类齐全、工艺独特、技术先进的现代化陶瓷集团。可以说，这个时期东南亚陶瓷业是由潮人发展起来的。这段历史既反映早期潮人以陶瓷业立足东南亚，再逐步融入当地，最终成为当地的一分子的艰辛历程，又彰显出潮州勤劳打拼的创业精神。他们将陶瓷业作为在东南亚发展的重要载体，发挥聪明才智，用勤劳的双手开拓东南亚瓷业，使潮州陶瓷业在异国他乡发扬光大，为东南亚社会做出重要贡献。海外潮人瓷商的创业史不仅是华侨史的一部分，更是近代潮州窑史的重要组成部分。

---

① 据汤伟强先生口述，采访人：李炳炎，采访时间：2017 年 4 月 29 日，采访地点：印度尼西亚山口洋钻石陶厂。

# 第三章

# 20 世纪 90 年代
# 以来的潮州茶器

## （1990—2020）

　　20 世纪 90 年代之后，在国家深化改革的背景下，潮州陶瓷行业进行了体制改革，促进民营企业迅速崛起，使行业朝规模化、工业化的方向发展，茶器产品随之步入快速发展阶段。进入 21 世纪，在经济全球化浪潮的影响下，潮州陶瓷产业的知名度大大提高，广为人知，传统的手拉朱泥壶技艺更是受到国内外茶壶商人的热捧。在巨大的市场需求下，传统的家庭小作坊已不能满足生产需要，一些壶艺师遂成立专业的工作室，招收学徒，传授技艺，并进行细致的分工合作，有效地提高了手拉朱泥壶的制作效率和质量。至此，潮州手拉朱泥壶的生产蔚然成风。

# 第一节　民营企业的崛起与茶器发展

20 世纪 90 年代初期，潮州政区格局改变。1991 年 12 月，经国务院批准，潮州市升格为地级市，直接受广东省的管辖，并且管辖区域扩大，辖湘桥区、潮安县、饶平县，潮州市进入一个新的发展时期。潮州陶瓷企业从汕头市陶瓷工业总公司辖下分离出来，由潮州市陶瓷工业总公司管理。潮州市成为潮汕陶瓷行业的中心。

1992 年 10 月，党的十四大召开，标志着改革开放和现代化建设进入社会主义市场经济体制新阶段，并相应地制定了国家管制下趋向贸易自由化的贸易保护政策。这给以外销为主的潮州陶瓷业提供了前所未有的新机遇。潮州市委、市政府认真贯彻落实中央各项关于推进经济体制改革的方针和政策，开始对国有企业进行大刀阔斧的改革，使之向外向型企业发展。

1992 年，潮州市人民政府下发《关于市经委原属下十一家行政性公司转轨变型问题的批复》（潮府函〔1992〕新 15 号文件），"同意撤销市食品糖纸工业公司、市轻纺化工业公司、市瓷业公司。重新组建宏兴、潮绣、彩瓷、无线电瓷件、二轻、工艺美术、陶瓷、机电、电子、塑料皮革、纺织、医药等实体（集团）性公司和一家事业单位"。批复中还具体要求潮州市陶瓷工业总公司于 1993 年 6 月底前完成转轨变型。新组建的实业性公司，政企分开，重复的行政管理层次减少，并按《企业法》规定被赋予企业自主权。

随后，潮州各陶瓷企业根据市场特性及所有制的不同，"拆大化小"，"一厂一策"，国营和集体企业纷纷改建、解体，变为企业集团或合作社。这些企业改变单一的股权结构，吸纳社会资金，形成新的投资、决策、管理、监督、利益分配新机制，在壮大企业经济实力的同时也增强了企业活力。

经过体制改革，民营企业、私营企业和个体企业在国家政策的支持下迅速崛起，企业脱离计划经济体制的束缚，进入自由开放的市场经济，为陶瓷产业的发展注入了新的活力。潮州陶瓷产业的快速成长带动了两县两区乡镇经济的发展，大批农民"洗脚上田"，利用土地资源创办陶瓷企业，转变为经营者、工人，推动农村农业转向工业化发展。

部分上规模、上档次的企业、民营企业很快完成了原始积累，具备了资金、技术、经营经验、市场销售等方面的成熟条件。原来的生产规模、生产场地已不能满足发展需要，因此，潮州市政府建立起"经济开发区""枫溪如意路工业区"等，吸引企业到此兴建现代化的工业园区，促进企业规模化发展，增强其发展后劲。成套色釉及彩绘白瓷茶具的生产也随之向工业化、规模化发展。

潮州规模最大的陶瓷工业区是枫溪如意路工业区。1996年，为加快工业生产发展步伐，围绕"工业立区"的发展战略，政府投资建设长1 450米、宽36米、水泥路面宽12米的工业区主干道如意路工程，统一规划，在主干道两侧建立如意路工业区。如意路工业区吸引了大部分龙头企业落户，逐步形成企业群，发挥了集聚效应，进行规模生产。有实力的企业大部分搬迁到该工业区，如顺祥、松发、三泰、伟业、美地、亚陶、鹏佳、潮流等公司，枫溪区也因此成为国内集中度最高、规模最大、产业链最完整的陶瓷生产基地。[①] 原国有及二轻陶瓷企业的技术工人纷纷"下海"，到各民营企业中充当技术骨干，壮大了陶瓷产区的技术力量。

除了工业园区的建设，潮州各级政府还积极帮助企业打通销售渠道。1996年，潮州枫溪首次参加第80届广交会，陶瓷专馆设立于10号馆，内设近1 000个摊位，有50多家企业上万个花色品种参展，签订合同金额近5 000万美元，收到了很大成效。[②]

90年代末，潮州的国有、集体及个体陶瓷企业凭借广交会这一重要的

---

① 潮州市枫溪区地方志编纂委员会编：《潮州市枫溪区志》，广州：岭南美术出版社，2013年，第262、313页。

② 杨光远主编：《瓷都风采录：潮州陶瓷1987—2012》，广州：华南理工大学出版社，2013年，第31页。

国际平台，推销潮瓷产品。潮州以茶具为主的瓷器产品受到东南亚及中国港澳台地区茶壶商人的追捧，出口量大增。产品在满足当地市场外，主要销往中国台湾及东南亚。

在瓷器茶具的带动下，朱泥茶具在国际市场则初露锋芒，受到外商的关注。这一时期手拉朱泥壶作品主要以仿制经典名壶为主，同时各作坊也尝试创作新壶型，因此泥料、装饰、修坯水平均有较大发展。其中较为知名的作坊有源兴、安顺、俊合、亮合祥记等。同时，涌现出一批手拉朱泥壶的能工巧匠，作品呈现个性化风格，如源兴号的吴锦河、吴瑞全，源兴炳记的吴瑞深、吴培镇、吴培鑫，安顺号的章永添、章永杰、章燕明、章燕城，俊合号的谢仲华、谢锦华、谢华，亮合祥记的吴维祥等。随着市场竞争与品牌意识的日渐强烈，在继承传统的同时，他们也不断探索创新，逐渐形成了以薄胎光面朱泥和厚胎调砂朱泥为主的两大工艺特色。薄胎光面朱泥壶造型在传统基础上求新求变，胎质薄而密，精致秀巧，烧成后呈光泽亮丽的朱红色；厚胎调砂朱泥壶造型雄浑敦厚，遵循传统制壶技艺，泥料为调砂朱泥，胎质厚实，烧成后器表呈现柚皮般的砂质感。前者以吴培鑫、章燕明、章燕城为代表，后者以吴瑞全为代表。这两大特色也逐渐成为潮州手拉朱泥壶的主流风格，引领着这一阶段潮州手拉朱泥壶的艺术发展方向。

潮州陶瓷企业通过国内外展会，了解海内外市场需求，承接客商定制的茶器产品。为迎合国际潮流，潮州陶瓷企业将不同国家的文化艺术元素融入茶器产品的装饰，茶器产品的设计开发和生产也逐渐走向国际化。

随着茶器产品在海内外的热销，加上国内茶楼、餐馆档次的提升，潮州茶器产品的档次也在不断提高。自90年代开始，潮州主产区承接来自中国台湾及日本的产业转移，并引进成型及燃气窑等设备，传统的龙窑被燃气窑取代，并且在较短时间内普及了燃气炉的使用。这些举措不仅保证了产品的合格率，还保护了生态环境。同时在陶瓷坯釉配方方面，引入新原料，丰富品种，也成为潮州陶瓷业从低端走向中端的关键。在潮州民营企业创新采用的新材料、新工艺中，以骨质瓷的运用最为广泛。

1997 年，潮州陶瓷产区的金鹿陶瓷公司成功开发了骨质瓷。骨质瓷学名骨灰瓷，简称骨瓷。骨质瓷的坯泥中加入了食草动物骨灰（一般是牛骨粉），成型后，经高温素烧和低温釉烧两次烧制而成。骨灰的加入既增加了瓷器的硬度与透光度，又消除了瓷土中的杂质，使得骨瓷更显洁白、细腻、通透、轻巧，在视觉上有一种独特的舒适感。潮州的骨瓷茶器产品美白轻盈，薄胎透亮，装饰雅致，在感观、质地等方面领先国内水平，甚至可与国际知名品牌相媲美。

至 90 年代末，潮州日用瓷产量居全国首位，其中茶具、咖啡具等产品因满足欧美星级酒店、高端会所等市场的要求，外销量迅速高涨。

此外，随着生活质量的提高，工夫茶成为海内外潮人的日常饮品。凤凰单丛茶在 1989 年、1990 年分别被农业部、商业部评选为全国第一名茶；在国内外茶叶博览会评比中屡获金奖；被国家质检总局批准为地理标志产品，并实施保护。壶因茶兴，凤凰单丛茶与潮州手拉朱泥壶的搭配成为饮茶爱好者的绝佳选择，白瓷茶具与液化煤气炉成为每家必备的工夫茶具，煤油炉逐步退出茶具舞台。成套彩绘瓷质工夫茶具也得到普及，如佘怀英创作的《大号潮州八景工夫茶具》当选 1997 年交通部全国科技先进代表大会礼品。部分厂家还推出童子茶具作儿童玩具、装饰摆设及旅游手信之用。

1999 年，潮州电视台拍摄了五集电视专题片《潮州工夫茶》，分为茶叶、茶具、茶艺三篇，其中茶具篇介绍吴瑞全以蘑菇形脚踩拉坯车制作手拉朱泥壶，曾俊茂以电动拉坯机制作手拉茶船，再现了潮州朱泥壶从传统到现代的制作方法。该片播放之后，对潮州工夫茶具起到极大的宣传推广作用，"瑞全壶""茶盘伯"受到海内外茶客的喜爱，潮州手拉朱泥壶也为更大范围的民众所认知。

90 年代之后，在潮州陶瓷行业进行体制改革、承接产业转移的背景下，茶器产品作为日用陶瓷的重要品种之一，在广交会等国际平台上赢得大量订单。与此同时，经济的发展提高了人们的生活水平，人们对茶器的追求不再停留在实用层面，而开始更多地注重其艺术性和文化价值。为迎合不同的市场需求，潮州茶器产品迅速发展，品种丰富多样，产量也领先于国内其他瓷产区。在众多茶器产品中，潮州手拉朱泥壶独放异彩，集实用性与艺术性于一体，受到海内外人士的热捧，与凤凰单丛茶一道推动潮州工夫茶艺走向海内外。

# 第二节　潮州茶器的空前发展

进入 21 世纪，潮州全市经济取得了巨大的成就，人民的消费水平及审美水平逐渐提高，精神文化需求不断加强，对茶器产品的消费需求也不断增加。

## 一、经济全球化背景下潮州茶器的空前发展

2001 年，中国加入世界贸易组织后，中国的对外贸易进入了一个新的阶段，中外经济、文化、艺术等方面的交流日益频繁。潮州陶瓷业抓住机遇，发挥传统外销的优势，促进茶器产品的出口。全国性的会展、专业批发市场成为新的经济模式，引领着内销市场的快速发展，促进了企业生产的迅速扩张与产品产量的迅速增长，为茶器产品提供了广阔的国内市场。面对如此有利的国内外形势，潮州茶器进入空前发展的阶段。

2004 年 4 月 12 日，潮州被中国轻工业联合会、中国陶瓷工业协会授予"中国瓷都"称号。2005 年，潮州已成为中国陶瓷重要的研发、制造、集散基地，其中枫溪被广东省人民政府认定为广东省创建区域国际性品牌的三个试点单位之一和"广东省陶瓷产业集群升级示范区"，潮州陶瓷的主要品种为日用瓷、工艺陈设瓷、卫浴和工业陶瓷等。陶瓷产业形成了以枫溪区为中心，向潮安县的古巷、凤塘、登塘、浮洋等镇，饶平县的三饶、新丰等镇，湘桥区的凤新街道等辐射和集聚，形成较为完整的产业

链，并不断延伸。"中国瓷都·潮州"的知名度在不断提高。

在经济全球化浪潮的影响下，潮州陶瓷业创下年产值超百亿的空前佳绩。为抢占市场先机，潮州各主要陶瓷厂纷纷设立独立的产品研发机构，招揽专业的设计人才，并站在多元的文化角度设计出众多的茶器套系。这些茶器套系不仅受到海内外消费者的喜爱，还被作为国礼瓷招待外宾。这是对潮州民营陶瓷企业的产品创意和质量的肯定。

2006 年，广东松发陶瓷股份有限公司研发人民大会堂专用瓷"胜利杯"，胎薄如纸，瓷质白润，釉下彩绘具有极高的艺术价值。2007 年，在莫斯科克洛库斯国际展览中心举行的"中国国家展"上，深圳永丰源瓷器展台的刘权辉向前来巡展的胡锦涛主席和普京总统一行介绍"帝王黄"茶具的工艺，得到了普京的称赞，随后他将"帝王黄"和"满堂红"系列茶具赠送给普京总统。2010 年，"中国当代十大名窑"之一的潮州市弘扬陶瓷有限公司（简称"弘扬瓷"）的梦醉樱伦系列茶具当选为温家宝总理出访印度的国宾礼品，被赠送给印度国大党主席索尼娅·甘地夫人。2014 年，习近平主席出访欧洲四国，该公司的"福禄双全"茶具被作为国宾礼品赠送给法国总统奥朗德（见图 3-1）。这些国礼瓷代表着当代中国陶瓷茶具制作工艺的顶尖水平，推动潮州茶器、茶文化走向世界。

图 3-1 弘扬瓷"福禄双全"茶具套

这一时期，潮州陶瓷茶器向精品化、产业化发展的同时，也注重新产品的开发。一体式的大体量工夫茶具套被设计出，集煮水、冲茶、排水于一体，方便卫生，同时液化煤气茶炉也被电陶炉所取替。半自动茶具也颇受人们欢迎，它由盖瓯或茶壶、公道杯、茶杯组成，其中盖瓯或茶壶装置于半自动底座上，模拟水龙头出水形式，按下出水按钮，茶水便以完美的曲线流入公道杯，再进行分杯，如弘扬瓷的彩塑荷塘情趣自动茶具套。半自动茶具简化了传统程式化的工夫茶冲泡方法，赋予工夫茶具新的活力，更为年轻人和外地人所接受，有利于更大范围地推广潮州工夫茶文化。

为提高茶器的质量，潮州各大陶瓷厂将怀古的浪漫主义情怀与现代人对茶具的需求相结合，将仿古、五彩、斗彩、青花瓷、色釉瓷、白釉瓷、玉瓷、黑陶、柴烧等工艺特色应用于生产，创作出一批风格各异的作品。松发、四通、长城、瓷佳人、弘扬、泽洲、伯林、祥龙、雅诚、金鹿、天地源以及永丰源、斯达高等知名陶瓷生产企业竞相推出中国风、自然风、宫廷风、英伦风等工艺瓷成套茶具，以各具特色的风格引领市场，并在国内一线城市及其机场候机大楼设立专卖店进行展销推广。（见图3-2）

图 3-2　四通集团 1958—2018 庆祝宁夏及广西壮族自治区成立 60 周年纪念茶具套

　　再如，出生于台湾的吴学贤自幼酷爱美术，师从台湾陶瓷艺术大师王龙山，长期从事陶瓷色釉、仿古陶瓷彩绘艺术研究创作，是台胞驻潮陶瓷艺术家。吴学贤于2005年在潮州市饶平县钱东镇建立潮州市儒艺陶瓷研究所，他的作品将中国结晶窑变釉艺术瓷发展到极致，引得国内其他产区竞相仿制。其仿宋茶具代表作有叶纹斗笠茶碗，以及为台北故宫博物院制作的冰心结晶釉薄胎斗笠茶碗等。（见图3-3）

图3-3　吴学贤冰心结晶釉薄胎斗笠茶碗（左）、叶纹斗笠茶碗（右）

　　除传统的工夫茶器外，潮州陶瓷业者根据国外市场需求和国内年轻人新兴的饮茶方式，生产集泡茶、咖啡、奶茶于一体的时尚套壶；为适应当今人们快速的生活节奏，还针对不同的市场及客户，设计出"干泡法"茶具。茶叶"干泡法"是极简主义的衍生品（见图3-4），泡茶时一般不使用茶盘，而是将废弃茶水及茶渣直接倾倒于垃圾桶内，桌面始终清爽简洁，讲究整齐干净。

图3-4　陈坚潮彩茶具套

　　此外，潮州陶瓷业者还推出适合出差、旅游人群使用的小巧旅游茶器，多家企业生产陶瓷内胆与不锈钢外壳相结合的便携式保温茶杯及办公套系。面向养生人群，企业又从陶瓷原料方面入手，研发出具有保健作用的纳米茶具，利用纳米抗菌釉料层破坏病菌的生物结构和正常代谢，从而杀死病菌或抑制病菌繁殖。广东建诚高科玻璃制品股份有限公司研发绿色环保钢化玻璃瓷茶器，其中的12头玫瑰物语茶器、6头英伦情怀茶具等"逸致下午茶系列"，更是将绿色环保与个性品味融入茶器生产，极具特色。

　　近年来，传统的潮彩及柴烧茶器也颇受欢迎。陈锡藩、陈坚、曾陈耿、郑金发、谢小春、谢洁莉、谢俏洁等创作的新潮彩山水、花鸟茶具套，以其艳丽典雅的艺术风格而广受民众喜爱（见图3-5）。郑彦滨将自己的手拉壶作品与潮彩名家彩绘的茶杯、盖杯组合成套，更显工夫茶具的艺术趣味。吴作明、邱钊钿、刘巧霞、吴文习等彩绘的青花瓷则把潮州八景融入茶具装饰中。一些个人风格明显的产品，如天晶窑吴俊雄的结晶釉茶具，莲云红陶谢华的柴烧薄胎砂铫、窑变茶碗、茶杯，江东溪东窑庄岱华、凤塘信靠龙窑邢利祥的传统柴烧及刘勇、谭慧玲紫金陶雕塑艺术手作

图3-5　曾陈耿《山水纹保温壶》（左）、陈锡藩《人物纹主人杯》（右）

的陶艺茶具等，具有自然朴实的视觉效果，触感温厚，满足了现代人返璞归真的审美要求。此外，为了吸引消费者购买，不少厂家还从形式上增强了茶器内容，如增设各类茶宠摆件。

当代潮州茶器产品呈现"百花齐放，百家争鸣"的新格局。一方面受现代生活理念影响，茶器多呈现简约、自然的风格；另一方面茶器创作又常借鉴古代名窑产品工艺，大走复古之风，雍容华丽。茶器的空间造型、形状线条、色彩色调、肌理质感以及与配套器具的协调越来越为厂家重视，使产品日渐成为工艺科学与艺术观念的有机结合。

在现代瓷质茶器的生产过程中，工业化、自动化、机械化虽极大地提高了效率，但随着时间的迁移，千篇一律的产品总给人以单调乏味的感受。传统生产工艺因其精工细作，且融入创作者的艺术情感，相较之下更为符合绝大多数人的精神追求，因此越发得到关注。

不少陶瓷设计者试图从产品特色入手，将传统文化的精髓注入现代茶器生产中，设计出既具现代特色又能体现历史底蕴的茶器。如潮州市颐陶轩潮州窑博物馆推出的盖壶、执壶、茶盏等风格淡雅的宋瓷系列茶器，具有宋代笔架山潮州窑青白釉特征的颐陶轩·笔架山窑制，再现了宋朝潮人素雅简朴的艺术喜好；另有符合藏区民众审美习惯的八吉祥系列套壶、酥油盖碗、盖杯、僧帽壶等茶具和反映和谐社会景象的太平有象纹套壶等。此外，潮州市颐陶轩潮州窑博物馆还聘请传统手拉壶名家，采用本土原矿朱泥及清水泥明针压光制作颐陶轩款朱泥壶系列，馆长还会在部分产品的泥坯上刻画佛教题材及吉祥文字，增添朱泥壶的文化内涵。这一系列茶具以实物为载体，以博物馆为平台，让参观者更直观地了解潮州陶瓷传统精神文化的独特韵味。

## 二、工夫茶文化推动朱泥壶繁荣发展

潮州手拉朱泥壶因浓郁的地方特色、深厚的文化内涵而越发得到茶客的推崇，各式茶艺馆的兴起更是将饮茶提升到中国茶文化的传承层面。工夫茶艺表演，成为推广正统工夫茶道、普及工夫茶文化的最佳载体。朱泥壶是传统工夫茶具的重要组成部分，受到各式中高档茶艺馆及国内外茶壶商人的热捧，潮州影响力逐步提高，成为可与宜兴、建水、钦州等地相媲美的中国知名陶壶产区。

潮州茶器产品在深圳三岛中心（现改名为盛世茶城）、北京马连道茶城、广州南方茶叶市场、上海九星茶叶市场、云南昆明雄达茶城、宜兴中国陶都陶瓷城、郑州茶叶批发市场等国内各大茶叶批发市场中销售额日益增多，每月手拉朱泥壶的销量有数千把之多。在国家级、省级的博览会上，手拉朱泥壶也成为重要品种，在参展参评、技能比赛以及技艺传承、学研基地等方面都空前发展。具体表现为以下五个方面：

## （一）生产经营区域不断扩大

随着市场需求的增加，潮州手拉朱泥壶的生产量也不断增多，生产区域随之不断扩大，从枫溪市街、外马路、西塘、长美、银槐路延伸到古城区。枫溪外马路是茶器经营的主要区域之一，吴瑞深、曾俊茂、吴瑞全等都集中在这里经营。2000年之后，随着经营的发展，银槐路、长美、詹厝一带也成为茶器生产、经营的中心，张瑞端、张瑞隆、邱桂林、邱桂彪、郑彦滨、徐启良、柯少泓、许广发等都在这里设立作坊。

2001年1月1日，枫溪陶瓷城落成试业，在枫溪陶瓷展览中心揭牌。此陶瓷城吸引了几百家陶瓷企业、一大批陶瓷工艺师及陶瓷经营者进场展示经营，一些陶瓷艺术师从家庭作坊转而设立对外交流的展示平台，如章燕明、章海元壶艺展馆，张瑞端经营的枫溪及宜兴茶壶艺品行以及陈辉经营的陈韵堂等站点。枫溪陶瓷城的落成营业，大大提高了潮州工艺陶瓷的知名度，对茶具的推广也起到了促进作用。

之后，由于市区开元路游客往来较多，吴瑞全在开元路开元商贸广场创源兴号壶艺馆。该馆主要进行潮州手拉朱泥壶的经营、展示，既方便了消费者购买，也吸引了不少手拉朱泥壶爱好者前来参观。

2009年，潮州古城牌坊街建成开街，集中展示潮州历史文化、民间工艺，先后吸引了众多手拉朱泥壶作坊及经营者入驻，成为潮州朱泥壶对外展示的又一重要平台。2015年之后，古城区相继开展景观改造、新增民宿、百家修百祠、美食街等项目，为古城经济发展注入了新动力。潮州古城基础设施的改善和旅游业的发展，也带动了潮州手拉朱泥壶的发展。

潮州茶文化创意产业进驻以牌坊街为中心的古城区。如谢华在牌坊街太元路创办明德园，携吴义永、谢思逸、谢思博、吴戴莉、陈晓哲、罗文锐、童文彬、林湘禹、林湘荣、佘殷圳、佘逸枫、陈沛雄等从事专业朱泥壶的创作；杨健在牌坊街义井市场创办丝竹轩及工夫茶壶文化展览馆；柯敏在牌坊街郑厝巷设立柏荫精舍壶艺工坊；吴敬亮在牌坊街设手拉壶工作室；魏熹在中山路创办荣熹斋艺术工作室；郑彦滨在图训巷口设立惟滨壶艺工作室，赖通发在府学旧地创办八邑匠人手拉壶工作室（见图3-6）。

图 3-6　赖通发《工夫凡品》

在文化传播方面，位于牌坊街70号的潮州市颐陶轩潮州窑博物馆不断推出潮州窑主题展览。其2017年举办的"潮州窑历代茶具"展览，展示了唐代以来潮州出品茶具的发展变化历程，体现潮州茶具文化深厚的历史底蕴。2019年举办的《潮茶佳器》展览，展出近代以来潮州人饮茶的陶、瓷、银、锡、铜、竹、藤等各式茶具共200件套，其中有当代青年壶艺师产品近百件，是对当代潮州壶艺名家名作的一次集中展示。同年10月1日，《潮州朱泥手拉壶精品展》在潮州市博物馆开幕，展出当代手拉朱泥壶近百件。2020年该展览被纳入"广东省巡回展览"，有效地提高了潮州手拉朱泥壶的影响力。这些展览彰显了潮州工艺美术品中独特的茶具文化内涵，有效地传播了潮州手拉朱泥壶文化，将潮州手拉朱泥壶这张特色名片展示给海内外游客。

2018年5月，绿榕西路开通，大路旁与枫溪相邻的西塘村村口竖起"中国手拉坯朱泥壶第一村"的立牌。西塘村坐落于潮州市湘桥区凤新街道西面，南至枫溪区枫二村，西至潮安区孚中村，北至湘桥区凤新街道大园村。该村手拉朱泥壶业发展历史悠久，至今已有300多年。从清朝初期开始，西塘村章氏已有部分先贤掌握了一定的手拉朱泥壶制作技能。特别是以"安顺"与其他三大字号为首的品牌，引领了潮州手拉朱泥壶业的发展，有些手拉朱泥壶已流传至台湾地区及东南亚一带，并得到了广大手拉朱泥壶爱好者的一致好评。早在二十世纪二三十年代，安顺的茶壶就受到各界收藏家及消费者的热捧。近年来，随着制作技术的不断进步，安顺手拉朱泥壶事业更是蓬勃发展，许多人都以收藏安顺手拉朱泥壶为荣。

西塘手拉朱泥壶事业的快速发展，离不开西塘制作手拉朱泥壶杰出人才的无私奉献。在安顺第四代手拉朱泥壶传承人、国家级陶瓷工艺大师章燕明的影响和带动下，西塘涌现出一大批国家级和省级工艺大师，如章燕城、章海元、章广鑫、章振顺、章潮彬、章金财、章壮雄、章锡河、章锦松等。据初步统计，目前西塘手拉朱泥壶精英、取得各级职称的有近百人，在业人员有三百多人，爱好者更是众多。西塘以"广东省民间文化艺术之乡"为平台，大力宣传，努力将潮州手拉朱泥壶事业推广壮大，全力推进手拉朱泥壶文化旅游特色产业村建设，促使手拉朱泥壶业不断朝规模化、产业化方向发展，进一步提高手拉朱泥壶"西塘制造品牌"的影响力及经济效益。

当代，潮人品茗的茶种从"建茶"转为凤凰单丛茶，从尚"苏罐"转为尚潮州手拉朱泥壶，充分体现了潮人对本土文化的自信。在市场作用下，潮州手拉朱泥壶产区由枫溪拓展到全市，尤其是古城牌坊街一带。牌坊街成为壶艺师工作室的聚集地，是潮州朱泥壶作品展示、对外推广的重要窗口，促进了艺术交流，丰富了潮州古城文化游的内容。

除了线下门店的经营，线上的营销也在拓展。由于互联网销售克服了壶艺师工作室在经营中位置偏、雇员少等弱点，故目前很多壶艺师通过淘宝、头条、快手、抖音等电商进行销售。壶艺师每天以制作生产为主，其亲属则通过线上直播进行销售或者打包快递，直产直销的模式自成价格控制体系，并且提供定制服务。线上顾客主要来自广州、上海、北京、成都、沈阳以及福建、山东、江苏等地。电商模式下的家庭作坊月营业额可达 4 万 ~5 万元，一年约 50 万元，经济效益可观。这种营销方式一方面提高了手拉朱泥壶的销量，另一方面也起到了广泛的宣传效果。

### （二）技艺传承多渠道发展

长期以来，手拉壶技艺只在艺人家族内部传承，形成了各自独立发展的传统模式。为更好地适应市场经济的快速发展和变化，政府部门愈加重视传统手拉朱泥壶技艺的传承和保护，不断倡导、扶持壶艺师对外招收学徒，传授技艺。在政府有关部门的推动下，越来越多的年轻人，特别是"80 后""90 后"加入了传承手拉朱泥壶技艺的队伍，为其发展注入了新鲜血液，出现了老、中、青三代共同制壶的繁荣场面。

潮州传统手拉朱泥壶技艺的传承形成了两大流派，分别为家族技艺传承和社会化培训传承。

#### 1. 家族技艺传承

以源兴、安顺等老字号为代表，如源兴炳记的吴瑞深，源兴号的吴瑞全，安顺号的章燕明、章燕城等。

**吴瑞深** 源兴炳记后人，自小跟随父亲吴锦永学习祖传制壶技艺。20 世纪 80 年代初，国家实行改革开放，允许个人进行个体经营。为传承和发展源兴炳记手拉朱泥壶技艺，吴瑞深在家创办了家庭手工作坊，一方面亲自创作手拉朱泥壶，一方面把自己掌握的祖传手拉朱泥壶技艺传给三个儿子——吴培镇、吴培鑫、吴培辉。[①] 近几年他也将技艺传给孙辈吴晗煜、吴晗哲、吴晗洋、吴晗依及吴维贤等。

---

① 参见吴瑞深、吴培辉编著：《吴瑞深手拉壶艺术》，广州：岭南美术出版社，2014 年，第 17 页。

**吴瑞全**　源兴号后人，20世纪80年代便与父亲吴锦河开始制作手拉朱泥壶，具有扎实的基本功。其产品起初以仿古为主，有龙蛋、大彬、梨形等传统壶形。进入21世纪后，吴瑞全潜心研究古典壶艺，创作的作品在选泥和成型上自成风格。近年来，他在光货的基础上变化出花货造型，如葫芦壶、竹节壶等。如今，吴瑞全在枫溪外马路的作坊悉心指导儿子吴培良、吴培强的手拉壶创作，坚持以传统的生产工艺、工具制作朱泥壶，产品一次烧成。其子吴培良深得父亲壶艺精髓，曾在2013—2015年为颐陶轩潮州窑博物馆创作定制"百壶系列"作品。

**章燕明**[1]　安顺号后人，从艺40多年。他在继承父亲章永添制壶技艺的基础上，大胆进行创作实践，加深理论探索，创作出造型独特、壶色丰润、颇具神韵的作品，并以"精、巧、细、薄"的风格著称于国内制壶界。其子章海元自幼耳濡目染，跟随学习手拉朱泥壶技艺，心灵手巧，基础扎实，以他的作品风格为基础，大胆探索，创新创作，主要作品有《绞泥圆壶》《敦煌艺术》《梦里水乡》等。

**章燕城**　安顺号后人，自幼随父亲章永添学习制壶技艺，其作品在传统工艺的基础上不断创新。代表作有《厚德载物》《朱泥壶西施系列》《汉韵》等。其子章广鑫、女章小英也跟随学习制壶技艺。章广鑫善于将传统工艺和学院理论融会贯通，作品追求线条感，壶体疏朗有致，古朴典雅，独具风格，主要作品有《唐风提梁壶》《妙音》等。

　　此外，从事手拉朱泥壶创作生产的还有再兴、亮合、如合、荣利、成合等枫溪陶瓷老字号的后人。例如，吴敬亮，近代枫溪宫后"再兴"陶坊的后人，80年代之后从事朱泥壶的创作生产；还有，近代枫溪"亮合钦记"后人吴兴锐，近代"亮合祥记"后人吴锦全，从事手拉朱泥壶的创作生产；陆树深及儿子陆钿、陆煊，为枫溪"陆荣利"大瓷厂后人，均从事创作生产"荣利深记"及名字款手拉朱泥壶；佘慕君，近代枫溪"成合窑"后人，主要从事瓷塑创作，近年转入手拉、手拍花壶创作，作品颇有创意，

---

① 详见洪巧俊：《中国手拉坯朱泥壶第一人章燕明》，广州：花城出版社，2014年。

是枫溪为数不多的制壶女技师；佘锭鑫，近代枫溪"泰顺号"后人，近年从事绞泥、阴刻阳填的手拉朱泥壶制作；佘桂崇，近代枫溪"鸿祥合"缶坊后人，从事手拉朱泥壶制作；佘武祥，近代枫溪"合利号"缶坊后人，从事手拉朱泥壶和手拉风炉制作；吴壮煌，近代枫溪"海源"号瓷坊后人，从事手拉朱泥壶制作；还有，吴德盛热心手拉壶创作，弃商从艺，创办"十虚斋"制作手拉壶，且颇有心得。

在传统文化复兴的风潮中，枫溪近代老字号的后人纷纷参与省、市老字号的评选。2014 年，吴瑞深的"源兴炳记"及吴锦全的"亮合祥记"被广东省老字号工作委员会评为"广东老字号"。2016 年，章燕明陶瓷壶艺研究所"章氏老安顺"及裕德堂壶艺研究所的"裕德堂"被广东省老字号工作委员会评为"广东老字号"。

### 2. 社会化培训传承

2015 年，为适应社会发展需求，培养具有工匠精神、实践能力、创新能力的朱泥壶创作人才，潮州市湘桥区陶瓷传统特色工艺研究中心、韩山师范学院陶瓷与非物质文化遗产传承学院、市高级技工学校、市职业技术学校等单位，分别设立了手拉朱泥壶制作专业培训班。其中以谢华创办的陶瓷传统特色工艺研究中心最为出名。

**谢华**　陶瓷世家俊合号后人，20 世纪 80 年代初便与其兄一起生产朱泥壶，承接海外壶商的产品定制，之后创办华德陶瓷公司，经营红陶外销产品。他对朱泥、紫砂等原料有较深的研究，擅长将古典的、现代的、国内的和国外的各种美的理念融入自己的朱泥壶作品，是当代最具创新精神的制壶大师之一。

谢华的作品清新、大气、简朴、流畅、儒雅，具有较高的艺术境界，先后获得 2 项国家级特别金奖和 20 多项国家级金奖。作品分别被中国工艺美术馆、中国紫砂博物馆、国家博物馆、钓鱼台国宾馆收藏。谢华于2012 年荣获"中国工艺美术大师"称号，同时也是国家级非物质文化遗产传承人、正高级工艺美术师、广东省紫砂朱泥专业委员会主任等。2013 年，他的作品《太极百岁壶》随神舟十号遨游太空。2015 年，谢华在北京首都机场投放了一则视频广告，宣传推介潮州手拉朱泥壶。2016年，谢华设立在牌坊街的明德园开始启用，成为潮州古城一处集壶艺制作、展示的重要窗口。

谢华对当代潮州朱泥壶的另一贡献是热心推动手拉朱泥壶技艺的社会化培训，广收徒弟传授制壶工艺，有效促进了潮州手拉朱泥壶的规模化、产业化发展。早在2010年，谢华便在枫溪人家前设立专业的手拉朱泥壶工作室，招收手拉朱泥壶爱好者传艺授技，由沈森宏担任助教。次年为扩大规模，他将工作室迁至潮州大道北片工业区厂房，设立谢华陶艺中心。他借鉴专业技校的管理模式免费教学，安排得意弟子吴义永协助教学，以组为单位，一组学员为10~12人，组员间分工合作，资源共享：每组中1人负责拉坯，2人负责修坯，其余的人负责流、把的制作、安装及压明针等精细工序，工种轮换。培训的目的是让每个学员精攻每一道工序，最终独立完成整个制壶过程。这种开放式的传统技艺培训吸引海内外的朱泥壶爱好者慕名而来，如来自四川成都的廖奥、美国得克萨斯州的玛丽等。2016年，谢华工作室已拥有六个组的学员，组长分别为赖通发、罗文锐、林湘禹、柯敏、吴佩姬、陈卢鹏。这种通过免费培训吸引有艺术素养的年轻人加入手拉朱泥壶行业的做法，给行业注入了新鲜血液，引入了大量人才。同时，院校的陶艺教师加入培训队伍，更是将院校造型设计的严谨融入潮州传统壶艺中来。

2015年，韩山师范学院陶瓷学院在陈卢鹏的提议下，引入谢华大师手拉壶技艺项目，设立"韩窑—谢华大师工作室"，在陈卢鹏等老师的配合下，培养出一批具有朱泥壶实操能力的学生。

2016年以来，谢华的徒弟们逐渐独立创业，创办个人工作室，经营手拉朱泥壶产品，并收徒授艺，致力于潮州手拉朱泥壶的传承、推广。其中，赖通发毕业于韩山师范学院美术系，2016年后在枫溪及牌坊街上水门街府学旧地创办"八邑匠人"壶艺工作室；罗文锐毕业于韩山师范学院美术系陶瓷艺术设计专业，2012年辞去大学教师的工作，全身心投入到潮州手拉朱泥壶创作中，并在谢华工作室带徒传艺；柯敏毕业于广东省陶瓷学校雕塑专业，就职于韩山师范学院，2016年于潮州牌坊街郑厝巷创立柏荫精舍壶艺工作室；吴佩姬毕业于景德镇陶瓷学院，基本功扎实，艺术素养发展全面，她创作的柴烧茶壶古朴雅致，富有个性；陈展伟毕业于景德镇陶瓷学院艺术设计专业，2017年师从谢华学习潮州手拉朱泥壶制作技艺，对传统潮州朱泥壶的理解与创作颇有心得，作品具有古典韵味。

社会化培训传承中还有许多制壶艺人开设培训班传授制壶技艺。如2015年10月，章振顺创办手拉壶体验馆——六顺堂，敞开大门收徒授艺；2019年，张瑞端、张泽锋在枫溪裕德堂开办大学生假期社会实践朱泥壶培训班；2019年，吴敬亮在牌坊街金聚巷开办游客朱泥壶体验培训等。

由于潮州朱泥壶市场需求量大，消费者对花壶尤为追捧，潮州瓷区原来从事瓷塑的一些技艺人员也对朱泥壶制作产生兴趣，纷纷转型成立朱泥壶工作室，如吴映钊、谢两岳、卢桂荣、卢金祥、吴为新、佘慕君、吴伟鹏、钟贵河、林于凯、吴树荣、张奕培、吴壮煌等。他们通过培训、实践，将手拉壶与雕塑、雕刻技艺创新结合，创作出一批手拉、手拍的花货茶壶。

潮州多所院校也设立手拉朱泥壶制作相关专业，开办手拉朱泥壶社会培训班，其中部分学生深受影响，毕业后选择留在潮州市区发展。如：来自饶平县的吴义永、黄心喜、钟贵河、王智科、张得胜、郑臣伟、杨书鹏等人。另外还有一批壶艺爱好者，在拜师学成后也自立门户独立经营。

在非遗传承及工艺美术产业化的推动下，大师带徒、开门培训蔚然成风，促进了手拉朱泥壶制作工艺的推广与传承。院校师生、陶瓷老字号传人及广大爱好者纷纷加入制壶行列，不断壮大行业规模。截至目前，潮州拥有国家、省、市制壶工艺美术大师及职称者多名，分别为中国工艺美术大师1名、中国陶瓷艺术大师2名、中国工美艺术大师1名、广东省工艺美术大师14名、广东省陶瓷艺术大师12名、潮州工艺美术大师16名、潮州市陶瓷艺术大师12名、正高级工艺美术师3名、高级工艺美术师52名、初中级工艺美术师150名，从业人员逾千人。40岁以下的潮州手拉朱泥壶从业人员占一半以上，出现了手拉朱泥壶技师年轻化的可喜局面。

### （三）技能比赛推动产业年轻化

2014 年 4 月 21 日，潮州举办了第二届中国瓷都·潮州国际陶瓷交易会，并在展馆内开展了广东省手拉壶技艺大赛活动。该活动既促进了本地手拉壶从业者间的交流，提升了手拉壶制作工艺，也为培养更多手拉壶专业人才打下了良好基础。

2015 年 4 月下旬，潮州举办了第三届广东（潮州）工艺美术精品展，旨在传承和发扬潮州手拉壶制作的传统工艺。

2017 年 1 月 9 日至 10 日，第三届紫砂朱泥壶现场手拉壶技艺制作大赛在潮州市中国瓷都陈列馆四楼举行，分拉筒身、手拉壶两个项目。比赛不仅推动了紫砂朱泥壶技艺的传承、创新与发展，还弘扬了工匠精神。

2018 年 11 月 14 日至 15 日，广东省工艺美术行业职工职业紫砂、朱泥壶创作技能大赛决赛在韩山师范学院的广东省陶瓷职业技术学校举行，73 名经严格选拔出来的参赛选手同台竞技，各显风采。2020 年 7 月 16—17 日，在潮州市工艺美术协会林旭钧名誉会长的大力支持下，举办了 2020 广东（潮州）首届"潮艺杯"工艺美术技能大赛，其中的手拉、手拍壶艺技能比赛中，发现和选拔出一批优秀能手。活动立足本土文化，以赛促学、促行业发展，彰显文化自信。

### （四）成为工艺美术展会上的重要品种

2019 年 8 月 2 日，"中国瓷都·潮州陶瓷专馆"在北京开馆，70 家潮州陶瓷企业携 600 余件潮州精品陶瓷集中亮相。展会期间，中国轻工业联合会副会长兼秘书长、中国陶瓷工业协会理事长杜同和，中国轻工业联合会名誉会长步正发、杨志海等领导嘉宾在潮州市委常委、常务副市长张传胜及潮州市工业和信息化局局长的陪同下参观了该馆，并勉励参展企业，希望潮州陶瓷企业以此次活动为契机，通过技术升级、研发设计等多方面创新，积极适应国内外市场新变化，不断提升产品质量档次，逐步提高自有品牌影响力，扩大潮州陶瓷的市场占有率，推动中国陶瓷产业高质量发展①。这次北京大展，不少手拉朱泥壶大师带着精品力作"出征"，展现了潮州别致的手拉朱泥壶文化。

2019 年 11 月，2019 中国工艺美术博览会在南京举行，潮州市政府设立潮州专馆，组织近百位大师携近千件精品，亮相中国工艺美术精品展，其中手拉壶展区参展、参评作品共 216 件，向全国展现了潮州手拉朱泥壶的独特风采。

### （五）研学基地发挥积极作用

2009 年，潮州手拉朱泥壶入选第三批广东省非物质文化遗产名录。2014 年，潮州枫溪手拉朱泥壶制作技艺入选第四批国家级非物质文化遗产代表项目名录。2015 年，潮州推出《潮州工夫茶冲泡技术规程》企业标准，将潮人工夫茶泡制技法推向海内外，再次掀起了潮州手拉朱泥壶的销售热潮。

2018 年 4 月 27 日，潮州市副市长余鸿纯带领市质监局有关领导和相关技术专家组成的"潮州手拉朱泥壶"等地理标志产品申报陈述答辩团队，到北京市参加国家地理标志产品保护技术评审，其中潮州手拉朱泥壶成功通过评审。这次评审对传承和弘扬潮州传统茶文化、推动行业优化升级、扩大对外交流合作，均起到促进作用，有十分重要的意义。②

2019 年，赖通发在府学旧地又创办了潮州市湘桥区八邑茶壶工作室，与弟子陈志坚、蔡柱贤、蔡铿、蔡煜坚、林卫东、曾培青、林妙蓉、刘晓燕、许佳纯等年轻人组建成团队。同年，该研究室被潮州市文广旅体局授予"潮州市文化研学游基地"称号。该工作室不仅传承、创作朱泥壶，也为手拉壶技艺教学、展示提供了平台，为手拉壶爱好者"研、学、游"创造了条件。

2019 年 10 月 26 日至 11 月 25 日，广州大学、广东陶瓷协会在潮州市中国瓷都陈列馆举办文化和旅游部、教育部与人力资源社会保障部培训项

---

① 《中国瓷都·潮州陶瓷专馆在京开馆》，《潮州日报》2019 年 8 月 2 日第 1 版。
② 笔者有幸作为专家参与此次申报活动。2021 年 8 月 20 日，国家知识产权局公告，批准潮州手拉朱泥壶实施地理标志产品保护。

目"潮州朱泥壶烧制技艺非遗传承人群研修班"，旨在促进、振兴国家级非遗保护项目潮州手拉朱泥壶烧制技艺的传承发展，进一步培养手拉朱泥壶专业人才。

20世纪90年代以来，随着改革开放的深化，全市经济发展、人民生活水平不断提高。在国内外市场的推动下，工夫茶文化不断发展，潮州窑茶器不断推陈出新，生产出既满足市场需求又带有时代特色的产品，其中以朱泥壶最为突出。潮州手拉朱泥壶已不仅是泡茶的工具，更是潮州茶文化的重要载体，深受海内外潮人的喜爱。随着用壶、爱壶、赏壶蔚然成风，潮州壶艺师在传统基础上不断探索创新，逐步将个性融入作品，使壶艺创作出现了光货、花货争奇斗艳的景象。在朱泥的泥料上，出现了红中略带黄、黄中略带红、红中略带紫等新品种，同时还有紫砂、绞泥、调砂等；在表现形式上，又分为薄胎上土水、厚胎调砂、压光调砂、绞泥等；在造型上，有传统实用的小壶如水平壶、孟臣壶、思亭壶、大彬壶、梨形壶等，也有在其基础上加以创新的提梁大壶、巨壶、微型壶等；在题材上，除了传统的仿古、仿生外，新增了风景名胜、时事政治等内容；在落款上，一改过去盖仿款、坊款的习惯，出现了作者的名号；在烧造上，既有传统柴窑工艺烧造，也有电窑烧造。这一时期，壶艺师们张扬个性、表达思想，创作出了一批选料独特、技法新颖、古色古香、气韵灵动且符合时代审美趣味的艺术壶，达到国内制壶的先进水平。

# 第四章

# 潮州茶器的
# 工艺特征

　　潮州茶器历史悠久，其工艺随着生产技术的发展、社会需求的演变而不断变化，不同时期的茶器都有其独特的造型和制作工艺。明清时期，茶具的发展渐趋稳定，造型基本与今天的茶器大同小异，出现陶、瓷茶具共存的局面，其生产技艺也延续至今。本章我们将从生产原料、成型方法、装饰技艺、款识、烧造技术、产品种类等方面，进一步了解潮州茶器的工艺特色。

# 第一节　原　料

陶瓷是火与土的艺术，火土致济，瓷器乃成。以陶土为器，即陶；以瓷土为器，即瓷。潮州位于广东省的最东端，西北负山，东南面海。山中矿产以锡、钨、磁（瓷）土、石材蕴藏为最富。[①] 丰富的瓷土资源，为潮州发展陶瓷业提供条件。

## 一、瓷器茶具的原料

清代以来，潮州瓷器茶具的原料以登塘白水土及周围的瓷土为主。登塘白水土质量较为普通，而登塘独角牛山的瓷土白中泛青（土块带红根），可单土成泥，耐高温，烧成的温度为 1 280℃~1 300℃，烧成产品胎质洁白。

清末民初，潮州在登塘瓷土的基础上开始采用桥东东津飞天燕山的瓷土。飞天燕矿蕴藏着大量的优质高白瓷土，矿区覆盖面积大，主要矿点有飞天燕山、白土坑、陈厝山、海鹅头山、龙秋坑、梅断劲、石马内、和尚头山等。瓷土主要为人工开采，根据山势形状钻探地下的矿脉，发现优质瓷土后，即打隧道挖土，隧道约一人高。矿工以锄头、畚箕进行少量挖掘，然后肩挑湿土运出洞口，并择地晒干。

新中国成立后，枫溪、高陂仍沿袭原有的瓷土矿源，瓷土通过露天机械开采，产量巨大。各陶瓷产区还通过系统的工艺研究和配方试验，提高飞天燕瓷土的利用率，满足瓷器茶具的生产需要。

20 世纪 90 年代之后，为适应市场需要，潮州瓷土大多来自外地，各企业运用科学手段调配出各种特性的瓷土。

---

① 饶宗颐总纂:《潮州志》，潮州：潮州市地方志办公室，2005 年，第 661 页。

## 二、陶器茶具的原料

潮州城区及枫溪一带地处韩江三角洲冲积平原，韩江沿岸山脉矿藏丰富，大量的风化石随暴发的山洪带入河中，经河水滚磨形成沙砾，堆积为河床，成为今天肥沃的农田耕地。传统陶器茶具的泥料正是采自这些田土。韩江下游的陈桥乡一带，田土地层成分一般分三层：第一层为表土，含沙量及杂质多；第二层砂砾含铁量高，收缩率低，可塑性强，是制作朱泥壶的最佳壶料；第三层含泥量高，收缩率高，但含铁量低，只适合制作瓦片。

从泥料的化学成分上分析，紫砂泥、朱泥都属陶土。朱泥主要化学成分为氧化硅 60%±、氧化铝 20%±、氧化铁 10%±，还有少量氧化钙、氧化镁、氧化钾、氧化钠等。因此传统潮州朱泥壶的泥料大多以第二层加上少量第一层的土配合使用，有时混合后出现含沙量多的情况，则需要加入少量含泥量较高的第三层土。泥料不同，做法亦不同，这取决于壶艺师的配方。枫溪使用这些田土烧造的陶器，当温度适中时，器表及胎体呈橙红色；当温度偏高时，器表呈紫色，胎体红紫相间。

清中期后，壶艺师以陈桥田土单土成泥，直接拉坯成壶。

20 世纪 50 年代之后，枫溪、凤塘等地的红陶生产厂社发现硅石的收缩率较低（约 2%~6%），在泥料调入含沙量高的泥土可提高产品的耐烧度，降低收缩率，不易变形。此后在调配红陶泥料过程中，有目的地加入了含沙量较高的矿料（风化石），形成调沙泥料。

枫溪生产的朱泥壶原料即风化石和黏土调配而成的泥料。风化石主要采自枫溪本地及邻近各乡的朱泥风化石，其中位于凤塘镇的青麻山及古巷镇后伯岭等地的石矿资源蕴藏量最丰富，质量最佳。

青麻山（见图 4-1）位于潮州市潮安区凤塘镇与浮洋镇交界处，有多处矿点，其中以邻近冯厝村的矿料质量最佳。冯厝村位于凤塘镇南面，距离乡镇政府约 3.5 公里，南靠青麻山，与浮洋镇相隔，始建于明朝弘治年间，因人口迁入而形成，别称"青麻山冯"。

图 4-1　青麻山（李炳炎摄于 2021 年）

古巷镇是中国卫生陶瓷第一镇。该镇地处韩江西部的丘陵及半山区地带，毗邻潮州市区，东与潮州市湘桥区、枫溪接壤，西与登塘镇及揭阳市揭东区相连，北接归湖镇，南与凤塘镇相邻，枫留公路、安揭公路、甬莞高速及广梅汕铁路横贯其中。北部及西南为低山丘陵区，地质基础较好，东南部属河流冲积平原，土质以褐色亚黏土及灰黄亚黏土为主，瓷土资源丰富。

古巷镇枫洋村与古三村交界的后伯岭后山也是厚婆坳锡矿所在地。大岭后位于现古五村的甬莞高速西侧，矿藏资源丰富，多泥矿和石矿。泥矿是高岭土，为白土和黏土；石矿为牛肝石，是伴生矿，有硬牛肝和冇牛肝之分，硬牛肝中以红色、黄色、紫色石为佳，冇牛肝则以木化石的碳土为上。

二十世纪七八十年代，随着凤塘青麻山石矿的大量开采，潮州很多制壶作坊采用以青麻山矿泥与黏土调配而成的泥料，也有的作坊将土料调入铁红料。

20 世纪 90 年代之后，潮州手拉朱泥壶还采用大埔县等地的牛肝石及红黏土为原料。

下面举六个这些矿料所试烧的标本作比较①：

**标本一 青麻山石矿采集标本**：石坚，色紫红，含铁量超30%，氧化铝含量偏高，二氧化硅含量偏低，以原矿粉碎陈腐成泥，烧成温度1 200℃。烧成后器表呈紫红色，质地致密温润。（见图4-2）

**标本二 古巷镇后伯岭矿点一采集标本**：石坚，为伴生矿石，红泥与锰铁、高岭土、长石、石英，取其中间红泥粉碎陈腐成泥，烧成温度1 120℃。烧成后器表呈朱红色，质地密实、细腻润泽，号称"朱泥大红袍"。（见图4-3）

**标本三 古巷镇矿点二采集标本**：石质硬，带金黄外皮石矿料，内肉呈紫红色及黄色，以原矿粉碎陈腐成泥，烧成温度1 150℃。烧成后胎质偏松，器表呈橙红色；当烧至1 160℃时胎质致密，呈紫红色。（见图4-4）

**标本四 古巷镇大岭后矿点三采集标本**：红黏土矿，色土黄，陈腐成泥后烧成温度1 200℃。烧成后胎体致密，器表呈朱红色。（见图4-5）

**标本五 潮州红黏土，被称为田土或格土标本**：色灰黄，陈腐成泥后烧成温度1 150℃。烧成后胎体呈砖红色，器表温润；当烧至1 175℃时，胎体润实，器表呈紫红色。（见图4-6）

**标本六 大埔县红黏土**：石质密实，色紫红，陈腐成泥后烧成温度1 140℃时呈灰红色，胎体润实；当温度烧至1 150℃时呈淡紫红色，胎体润密。（见图4-7）

20世纪90年代后期，潮州有关部门对矿土资源进行保护，因而潮州朱泥壶泥料在采用本土原料的同时，也逐渐引入外来矿土进行调配。2010年之后，随着行业的发展和分工的细化，已有专业人士调配出适用于生产不同泥壶的泥料，并批量生产和销售，潮州朱泥壶的泥料从田土逐步转为原矿泥。由于原矿泥收缩率高（约15%~25%），干湿度又影响其黏性，增加成型难度，一些产品烧成后易变形或在壶身与壶把接合处开裂。大部分壶艺师在石矿料中加入黏土，有效改善其黏性，改善纯石矿料的成型难点。

---

① 此六个矿料及制作成品的标本为邱欣湘采集制作，捐赠给潮州市颐陶轩潮州窑博物馆作展品。

图 4-2　标本一

图 4-3　标本二

图 4-4　标本三

图 4-5　标本四

图 4-6　标本五

图 4-7　标本六

　　在原料的选择上，虽引入了外来专业泥料，但潮州本土的朱泥原矿料仍然是潮州朱泥壶的重要"胎记"，也是鉴定历代潮州朱泥壶工艺特征的依据之一。

　　目前，潮州陶泥行业尚未进入产业化经营，一些有情怀的从业者尝试从事泥料的专业生产，但因需求量不高而无法维持长期经营。由于缺乏完整的产业链，青年壶艺师或不熟悉制泥工艺，或不愿意从事制泥的"辛苦活"，多直接使用外地调配的商品泥。但仍有一批对泥料要求极高的壶艺师，如吴瑞全、谢华、邱桂林、吴德盛、邱欣湘、佘桂崇等，不辞辛劳，踏遍青山，寻找本地朱泥矿料，（见图4-8）坚持使用自己调配的朱泥原矿料制壶，因此他们的朱泥壶作品也拥有特殊的"印记"。

图4-8　采用潮安区古巷镇后伯岭山原矿朱泥所制的"颐陶轩"款"主人杯"

　　不论采用原矿泥还是调配泥，其产品质量首先要达到环保、卫生、对人体无害的要求，那么潮州朱泥壶产品的质量如何？其铅、镉含量是否在国家标准范围内呢？我们从潮州市颐陶轩潮州窑博物馆馆藏的两百多把近当代朱泥壶藏品中，挑选出四把时期不同且具有代表性的潮州手拉朱泥壶，送至国家陶瓷及水暖卫浴产品质量监督检验中心化验。具体检测结果如下图所示。（见图4-9）

　　报告检测显示，此四把朱泥壶中的铅、镉等均符合国家标准（铅的含量每升不超过2毫克，镉的含量每升不超过0.3毫克，且铅、镉的含量仅为国家标准值的10%），即质量完全符合国家的安全标准。

图 4-9　潮州朱泥壶检测报告

# 第二节　成　型

潮州陶瓷茶器批量化产品的成型工艺多以模印、注浆完成，工艺产品则以手拉坯成型。

## 一、手拉坯成型法

传统的陶瓷手拉坯旋车俗称蘑菇车，以形似蘑菇而得名，也称辘轳车，用木轮或石轮制作，是手拉坯的重要工具。蘑菇车以人力为动力，用木棍搅拌或用脚踩踏轮盘中间的轮轴来控制旋转速度，利用旋转来实现拉坯成型。

使用蘑菇车制作陶瓷茶壶，对壶艺师要求较高，不仅要能熟练操作蘑菇车，把握速度，而且拉坯时还要注意力高度集中。用蘑菇车制壶有以下劣势：手动调速，容易造成转速不均匀，影响坯体的厚薄度；壶艺师一边拉坯，一边调动转盘，易分散注意力；拉坯时间长，生产效率低。

20 世纪 50 年代，潮州陶瓷茶壶的成型改为以轴承车为主的旋车，较为省力，转速一般较慢。90 年代之后，逐步尝试电动拉坯机，主要为作坊自己组装，即用电机直接带动转台。

进入 21 世纪后，陶瓷茶壶拉坯的工具有了很大改进，壶艺师采用专业的成套电动拉坯机。其优点在于：操作灵便，采用脚踏式调速操控，释放双手；壶艺师在拉坯过程中能集中注意力，随心所欲拉制坯体，不会无故中断；切换简单，正反转向盘面皆平稳，方便对拉坯、修坯时力度的控制，可以实现手动反方向灵活转动，进行随意低速的拉坯工作；转速平稳，转速可达到每分钟 120 转。

2015 年之后，出现了作坊自行研制的可调速电动拉坯机，转速最高达到每分钟 300 转，精密度接近于工业机床，提高产品的光润度，适应不同大小坯体的拉制速度。

使用电动拉坯车是潮州茶壶拉坯工具的一大革新，方便壶艺师的创作，提高了生产效率和产品质量。（手拉壶作品见图 4-10 至图 4-48）

图 4-10　谢华制壶及印款

图 4-11　吴瑞全制壶及印款

图 4-12　章燕明、章海元制壶及印款

图 4-13　章永添制壶及印款

图 4-14　张瑞端制壶及印款

图 4-15　章振顺制壶及印款

图 4-16　谢两岳（左）、吴伟鹏（右）制作

图 4-17　章壮雄制壶及印款

图 4-18　柯敏制壶及印款

图 4-19　陈卢鹏制壶及印款

图 4-20　吴敬亮制壶及印款

图 4-21　陈沛雄制壶及印款

图 4-22　邱桂林制壶及印款

图 4-23　廖奥制壶及印款

图 4-24　罗文锐制壶及印款

图 4-25　邱桂彪制壶及印款

图 4-26　吴培辉制壶及印款

图 4-27　谢思博制壶及印款

图 4-28　谢思逸制壶及印款

图 4-29　卢培鑫制壶及印款

图 4-30　吴培良制壶及印款

图 4-31　张奕培制壶及印款

图 4-32　张泽锋制壶及印款

图 4-33　郑彦滨制壶及印款

图 4-34　邱欣湘制壶及印款

图 4-35　蔡杭繁制壶及印款

图 4-36　吴晗哲制壶及印款

图 4-37　曾楚亮制壶及印款

图 4-38　陈继湘制壶及印款

图 4-39　陈少鹏制壶及印款

图 4-40　陈展伟制壶及印款

图 4-41　黄文俊制壶及印款

图 4-42　柯泽枫制壶及印款

图 4-43　林卫东制壶及印款

图 4-44 吴锦全制壶及印款

图 4-45 佘桂崇制壶及印款

图 4-46 吴晗依制壶及印款

图 4-47 谢梓宏制壶及印款

图 4-48 许一宁制壶及印款

## 二、模印成型法

近代，模具压印法的生产流程较为简单：首先完成创作造型，然后制成范（俗称"模母"），再翻制模印，以低温烧成后成为红陶模印，俗称"土印"。模印成型法是用适量的坯泥直接压入模具内，用手指压实抹平后再进行表面修整，阴干后脱模，然后将各部件组装，整体修坯后成型。

## 三、注浆成型法

注浆成型是 20 世纪 50 年代之后发展起来的一种成型工艺。其成型方法是在泥料中加入"水玻璃"，使固体泥料变为液体，再把泥浆注入石膏模内，形成坯体。这种成型方法方便，效率比手拉坯成型法高。注浆成型分为实心注浆、空心注浆和强化注浆。1956 年后，手工注浆成型在枫溪各瓷厂被普遍使用；1958 年，注浆成型基本代替拉坯成型；1976 年，潮安瓷八厂从苏州引进一台自动注浆机，专用于壶类成型，从造模、注浆到停浆、倒浆等各工序自动化，提高了生产效率。

# 第三节　装　饰

潮州瓷器茶具的装饰工艺从传统的手工彩绘至当代的贴花、色釉技术；陶器茶具的装饰工艺从手拉坯光货发展为花货，当代花货壶从手拉坯到手拍，装饰图案从文字和图案刻画、浅浮雕捏塑到绞泥、填泥等，反映了装饰工艺水平的不断发展。

## 一、瓷器茶具的装饰

潮州瓷器茶具的装饰手法丰富，主要有釉上彩、釉下彩、刷花、喷花、印花、贴花、色釉等。（见图4-49）

图4-49 吴作明、邱钊钿《青花八景山水纹茶具》

### （一）釉上彩

釉上彩是指在瓷器釉面上描绘图案，经低温烤烧而成的工艺，主要为粉彩。粉彩的特点是先在瓷器表面上描绘轮廓，然后在画面的轮廓内填上一层"玻璃白"颜料粉，再在白粉上渲染各种色料，使画面具有立体感。20世纪40年代，高陂粉彩瓷的胎质偏薄，釉面以白釉为主，器型内边框装饰绿松石色，图案以粉彩花卉、花果、博古为主，色彩明亮，色调淡雅，烧造温度较高，不易脱落。

### （二）釉下彩

釉下彩一般在泥坯上彩绘蓝彩或五彩，罩上谷糠釉，一次入窑烧成，也可在晒干的釉面上进行彩绘后入窑烧成。

1. 大窑蓝彩

大窑蓝彩即画蓝，是枫溪彩绘瓷最普遍的装饰方法，其效果与青花非常接近。大窑蓝彩以氧化钴为着色剂，产品以中温烧成，纹饰发色略微晕散，有时也可在氧化钴中加入一些辅料，使产品烧成后纹饰发色鲜丽、图案轮廓清晰。题材多为花鸟、山水和古典故事及戏剧的人物形象，其发色与装饰具有较强的地方艺术特色。

大窑蓝彩也可在素坯上施釉晒干后再描绘，然后入窑烧成，青料在烧造过程中渗入釉中，出窑后呈现釉下彩效果。上品的大窑蓝彩浓艳、鲜丽，次之为艳蓝、灰蓝。

2. 大窑五彩

大窑五彩瓷是指采用进口或国产彩料、造型、纹饰，在枫溪以大窑中温氧化焰一次烧成的彩绘器。枫溪大窑五彩的制作，首先是在坯体上施谷糠釉，晒干后，直接在坯釉上彩绘，入窑一次烧成。在烧成过程中，彩料渗入釉中，而有釉下彩的效果，产品表面手感平滑，彩料经久不脱落。枫溪大窑五彩瓷的出现，丰富了"潮彩"品种的工艺形式。枫溪大窑五彩的彩绘技法，把中国画和民间传统手法融为一体，图案主要以山水、人物、花鸟为主。师傅的彩绘技艺比较全面，俗语有"师傅四件齐，狮、龙、满牡、莲"，也有一些应外销需要，产品纹饰为装饰性较强的花卉组合纹或以缠枝花、花蝶、花鸟为题材，以符合"东洋""西洋"审美兴趣的要求。其用笔、着色都十分讲究，色彩鲜丽，观赏性强，体现了枫溪大窑五彩的鲜明个性和独特艺术效果。

3. 青花

青花是在瓷胎上以钴料描绘后，施透明釉，在高温下一次以还原焰烧成。产品呈现青花层次分明，色彩鲜艳，纹饰经久不褪色。50年代之后，传统的青花装饰艺术得到继承和提高，从单一普通产品向中高档成套瓷发展。2010年之后，手绘青花茶具成为个性化产品，再度受到大众青睐。

4. 青花红绿彩

在青花瓷生产的基础上，加入铬青、玛瑙红、大火墨等釉下高温颜料进行描绘，再罩上透明釉，经高温还原焰烧成，称为"青花红绿彩"。产品色泽艳丽，永不褪色。

50 年代后，由于大埔工艺美术人员的积极创新，釉下彩颜料色种增多，因此，釉下五彩发展到装饰中、高级成套细瓷及薄胎瓷等。

（三）刷　花

刷花分为单色刷花和套色刷花，即用塑料薄板复描花纹，然后用锋利刀片依纹条准确地刻画出花纹，再将花纹板套在坯体上，用排笔蘸上颜料，依纹样涂刷均匀，使颜色附着在瓷坯上，效率比手稿高。

（四）喷　花

喷花分为大面积喷彩，即先将纸质主图案贴于瓷胎上，用牙刷等工具在筛网上来回摆动，使色液通过筛网雾化喷于设计图案的部位，此法适用于大面积的染色。另一种为小面积喷花，称为托花，运用摇动铁筛网在狐狸毛笔下进行摆动弹喷，先将毛笔蘸色料置于网筛上，然后摆动铁网筛，让毛笔的色料通过网筛喷至画面上，一般情况网摆动得越快，色点越小；摆动得越慢，色点越大，因此可以通过控制网筛摆动的快慢、轻重来达到色彩的深浅、浓淡效果。喷花可用单色，也可用多色。

（五）印　花

印花其方法是先将纹样稿拍印在柔软细密而有弹性的橡胶上，用小刀沿花纹两边刻花，再将纹线外皮全部割去，制成有凸出花纹的印模，蘸上颜料，直接印在瓷器表面上。印花生产的优点是效率较高，规格统一，操作简单，成本较低。

（六）贴　花

贴花是根据各种器型设计出来的纹样，用陶瓷颜料印刷成花纸，再转贴于陶瓷器上。近代的贴花技术工艺较粗糙；1945 年前后，潮州的"元裕"、枫溪的"德记"瓷商开始引用日本进口的釉上花纸，但数量不多。[①]

---

① 杨光远总纂:《潮州陶瓷志》,潮州:潮州市地方志办公室,2006 年,第 65–66 页。

20世纪60年代以后，随着瓷器茶具的批量生产，贴花技术发展成熟，贴花工艺部分代替了手工彩绘，传统的印花工艺也基本被淘汰。

## （七）色 釉

色釉是将着色剂直接加在坯料中，作釉下彩绘，图纹凸起，颜色柔和，装饰特征似颜色釉，但又呈现出颜色釉所不能及的效果。其是潮州陶瓷装饰的独特方法。

## （八）纹片釉

纹片釉即开片釉，是胎釉两种不同的膨胀系数所致的开裂纹，陶瓷艺术家将这种缺陷用于装饰工艺。80年代以前，高温纹片釉主要由潮安瓷六厂生产，该厂创制、发展了各色釉面的高温纹片瓷，以各种茶具、花瓶文房、四宝为主，产品釉面晶莹，外观典雅古朴，畅销海内外。

# 二、陶器茶具的装饰

## （一）刻 画

刻画是手拉朱泥壶常见的一种装饰手法，也是手拉朱泥壶装饰的主要形式。刻画装饰融合了书法、绘画等艺术形式，刀法为侧入法和划写法，主要为阴刻，即刻画出的线条或字画是凹进去的。直接用刀在壶坯上进行刻画，无须草稿，题材主要为诗词歌赋、花鸟虫鱼、山水人物等。多数在壶腹上进行的创作，需要创作者拥有扎实的美术功底和艺术审美观。刻出的字要清晰、横平竖直，用力得当；刻画时要注意刀法的浮沉利钝、深浅宽窄，布局是否得当，能否体现出原画的意境。刻画为手拉朱泥壶增加了文学、书法、绘画、篆刻等艺术内涵，提升了手拉朱泥壶的精神境界。（见图4-50至图4-58）

图 4-50　章燕城制壶及印款

图 4-51　吴德盛制壶及印款

图 4-52　杨健制壶及印款

图 4-53　林湘禹制壶及印款

图 4-54  卢文祥制壶及印款

图 4-55  陆树深制壶及印款

图 4-56  吴树荣制壶及印款

图 4-57  蔡松楷制壶及印款

图 4-58  吴培东制壶及印款

## （二）雕　塑

潮州手拉朱泥壶雕塑大致包括雕刻、捏塑、贴塑等手法，题材多来源于生活，有十二生肖，瓜、桃、葫芦等动植物，山水，风景名胜，吉祥图腾。生活元素体现在创作中却高于生活，表达人们对美好生活的追求。也有的以书法作品体现内心感受，给人以全新的审美愉悦和视觉快感。

传统雕塑大多在壶壁上或者壶把、壶嘴、壶盖的位置进行贴塑、雕刻，以及将壶钮捏塑雕刻成动物或植物形状。在创作时要根据壶形、壶境精心构思，不能凭空想象。现代雕塑多以抽象、简练的线形表现，把光货、花货等造型融会贯通起来，注重立体感与虚实感，最大限度地发挥创作者的灵感。无论是传统雕塑还是现代雕塑，制壶师在创作过程必须首先考虑手拉朱泥壶的实用性，把景、物作为一种装饰和衬托，在此基础上进行发挥，遵循整体协调美观、空间布局得当的原则，最大限度地突出手拉朱泥壶独特的艺术内涵，增添观赏性。手拉朱泥壶雕塑丰富了潮州手拉朱泥壶的内涵，是制壶师创作的点睛之笔，它在表现壶意的同时，实现了自身最大的价值。（见图 4-59 至图 4-84）

图 4-59　吴映钊制壶及印款

图 4-60　吴义永制壶及印款

图 4-61　章燕城、章广鑫制壶及印款

图 4-62　卢桂荣制壶及印款

图 4-63　魏熹制壶及印款

图 4-64　江流松制壶及印款

图 4-65　吴为新制壶及印款

图 4-66　吴维贤制壶及印款

图 4-67　林于凯制壶及印款

图 4-68　佘慕君制壶及印款

图 4-69　卢金祥制壶及印款

图 4-70　吴伟鹏制壶及印款

图 4-71　佘勋荣制壶及印款

图 4-72　吴照荣制壶及印款

图 4-73　宋锐制壶及印款

图 4-74　钟贵河制壶及印款

图 4-75　徐启良制壶及印款

图 4-76　吴壮煌制壶及印款

图 4-77　林嬿制壶及印款

图 4-78　佘立波制壶及印款

图 4-79　陈嘉制壶及印款

图 4-80　吴栋锐制壶及印款

图 4-81　吴汉忠制壶及印款

图 4-82　章林浩制壶及印款

图 4-83　郑森制壶及印款

图 4-84　王智科制壶及印款

## （三）阴刻阳填

阴刻即在陶坯上事先画好图案，再运用足刀，沿图案的边缘进行镂刻，并将图案中的坯体挖去。阳填在阴刻之后，为阴刻图案填充彩色泥料——工匠按填充的需要，采用天然彩泥配制出不同的彩色泥料，直接填入刻好的图案中。由于填充彩泥的湿度与坯体湿度是不同的，而且在干燥过程中填泥与坯体湿度的收缩率也不一致，因此，要经过2~3次反复填压，使填泥与刻模充分黏合，填泥与坯体表面成为同一平面，阳填才算完成。工匠们用填彩刀反复地抹平和挤压，将彩泥和坯体融为一体，阴干后通过修坯将多余的彩泥刮去，这时填充好的图案色彩就呈现出来了。（见图4-85至图4-87）

图 4-85　佘锭鑫制壶及印款

图 4-86　章少纯制壶及印款

图 4-87　章剑泽制壶及印款

## （四）粉　彩

潮州手拉朱泥壶中的粉彩装饰起步较晚，在二十世纪八九十年代才开始出现。潮州手拉朱泥壶的粉彩装饰明显受到瓷器装饰的影响，多在壶腹、壶盖上进行装饰。作法是在壶体上以玻璃白粉打底，彩料晕染作画，多用青、红、蓝、白、黑、黄等色彩描绘，再经炉火烘烤。题材多为花卉、山水、龙凤等，画法多写实，层次分明，明暗清晰，色彩艳丽，器表有凸出感，如老安顺、俊合生产的粉彩手拉朱泥壶。

## （五）绞　泥

绞泥是当代手拉朱泥壶的一种装饰技法，它是将两种或两种以上不同色彩的朱泥绞和在一起，形成色调对比强烈的不规则图案，纹路大多为云纹、水波纹、旋纹、编织纹等，在朱泥壶上表现创作者的装饰意图。绞泥纹路变化的关键是泥料配制比例、揉泥方式以及拉坯旋转速度，只要其中一环出现偏差，呈现出来的壶色就不尽相同。绞泥最大的特点是充满不确定性，寓巧色于自然之中，利用泥色变化起到与雕塑、刻画完全不同的美学效果，使表面平滑、润泽，给人以多变的视觉冲击。绞泥装饰在图案和题材创意的设计上强调浑然天成，器表往往会形成一种介于似与不似之间的抽象效果，为欣赏者营造一个如梦如幻的手拉朱泥壶世界，给人以无尽遐想。绞泥装饰的出现，不仅增加了手拉朱泥壶制作的工艺难度，更增添了其艺术观赏性，提高了潮州手拉朱泥壶的艺术价值。（见图4-88至图4-93）

图4-88　吴瑞全制壶及印款

图 4-89　佘楚和制壶及印款

图 4-90　章炜勤制壶及印款

图 4-91　章泽伟制壶及印款

图 4-92　许广发制壶及印款

图 4-93　章淡鹏制壶及印款

## （六）水　磨

水磨是将烧好的成品朱泥壶加水打磨、抛光。先用研磨料制成砂石，均匀地磨去壶制品表层糙面，使之达到一定的光洁度，然后用毡轮或布轮加黏抛光辅助剂进行抛光，以达到光可鉴人的程度。（见图 4-94）

图 4-94　谢华制壶及印款

# 第四节　款　识

近代、当代是潮州茶器的两个重要发展阶段。款识近代多为仿宜兴壶艺印款、前朝印款、作坊名及名人记号；20 世纪 50 年代之后，为厂社及枫溪地名；90 年代之后，开始出现作者印款，一直延续至今。

## 一、近　代

近代，手拉朱泥壶进入发展期，作坊林立，款识众多。款识主要分为以下几大类：

**仿款**　孟臣制、逸公·诗句、"陆思亭"（手刻）、"君德仿古""夢圃督制""捷普玉兰"、龙纹、"饶壶"。（见图 4-95）

| | | | |
|---|---|---|---|
| 孟臣 | 陆思亭 | 君德仿古 | 萼圃督制 |

| | | |
|---|---|---|
| 捷普玉兰 | 龙纹 | 饶壶 |

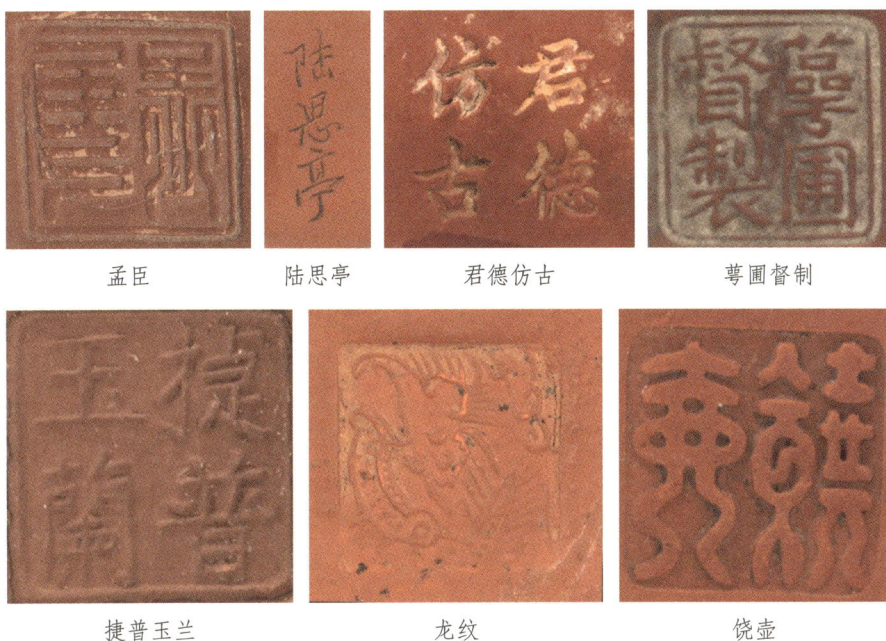

图 4-95 近代仿款

**名记仿款** 英兴·诗句孟臣、源兴·惠孟臣、英兴·诗句逸公、乾隆年制·惠孟臣、乾隆花边款。（见图 4-96）

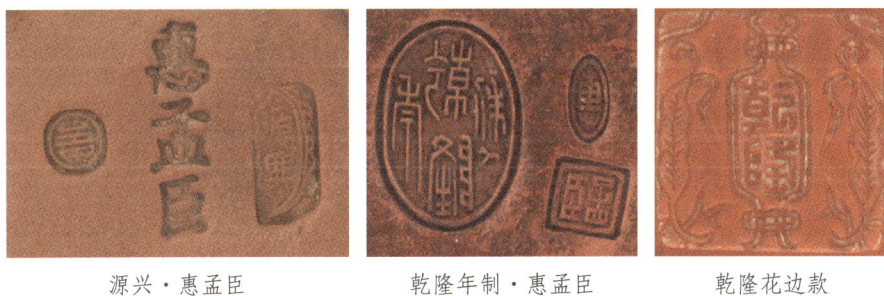

| | | |
|---|---|---|
| 源兴·惠孟臣 | 乾隆年制·惠孟臣 | 乾隆花边款 |

图 4-96 近代名记仿款

**枫溪作坊号款** 源兴、源兴炳记、安顺得记、老安顺、元兴、元兴利记、锦兴顺记、清利怀德、怀德兴记、怀德庆兴、怀德义记、怀德玉记、万兴桂记、义记、源兴龙记、源兴昌记、炳兴合记等。（见图 4-97）

| 源兴龙记 | 源兴昌记 | 炳兴合记 | 源兴 |
| 安顺得记 | 老安顺 | 元兴 | 元兴利记 |
| 怀德义记 | 怀德玉记 | 万兴桂记 | 义记 |

图 4-97　近代枫溪作坊号款

　　以上款识由潮州市颐陶轩潮州窑博物馆馆藏的一百多件近代朱泥壶整理而成。这些朱泥壶皆以手拉成型，以插入式挖孔装流，上土水或朱表。枫溪大量出土及传世的红陶茶壶中也频繁出现"怀德"款，在枫溪作坊号款中占有较大比例。

　　根据王文径先生的研究："20世纪80年代以来，在闽南地区大量的出土紫砂壶中，最常见的应是惠孟臣的扁鼓形圆壶和思亭款的扁梨形圆壶。此外，常见的还有'逸公''万兴''秋圃''同德元记''怀德兴记''益记''永兴''德记''许恒茂''启明轩''陈会元'等，或用印款或为刻款。"[①] 这些壶中"有部分明显出自广东潮州一带，此类多以红陶为胎，外

_____

① 王文径:《曜变》，北京：中国文史出版社，2016年，第350页。

施赭红色化妆土，虽亦出自地下，但极易被区分出来，古董商称之为'土罐'"。①

从颐陶轩馆藏近代朱泥壶上的"怀德"印款和王文径先生考古发现的"怀德兴记"印款，我们认为两者应同出自潮州枫溪。那么，"怀德"与"枫溪"到底有什么关系呢？

有关枫溪地名的最早记录可见明嘉靖二十六年（1547）郭春震纂修的《潮州府志·卷书八·村名》，海阳（街衙）所载村名："西厢统枫溪、池湖、古板头、蔡西垄四村。"明嘉靖《潮州府志》载"怀德乡下辖上外莆、中外莆、下外莆、水南四都十七村"，约位于现澄海区及潮安的磷溪镇。根据潮州地方志专家黄继澍先生的研究，明代的怀德显然不是今天的枫溪。② 怀德并非枫溪的旧称，而是枫溪的中心街区，则怀德记号款的手拉朱泥壶为枫溪中心街区的作坊所造。

通常，人们认为枫溪手拉朱泥壶包含了源兴和安顺两大字号，其实不然。源兴号位于枫溪大路顶，而安顺号则在西塘徐厝桥。近代，枫溪、西塘、长美是三个独立的乡。民国初年，章安顺借枫溪陶瓷经营的中心地位，到枫溪与吴源兴等合建龙窑烧缶；抗战胜利后，老安顺章永添、章永杰与其母亲到枫溪浮洲园街开店经营。至1956年，枫溪镇成立，包括枫溪乡和长美乡；1983年，县、市合并，西塘乡、长美乡均归属于枫溪镇辖区，这一时期，枫溪市街及西塘徐厝桥等一带制作的茶壶，需要到长美的龙窑进行烧造。1992年，西塘归属新设立的湘桥区凤新街道。目前，原枫溪、长美、西塘这一带成为手拉朱泥壶的聚集地。

## 二、当　代

当代，潮州朱泥壶款识从仿宜兴壶款、帝王年号款、作坊款发展为集

---

① 王文径：《曜变》，北京：中国文史出版社，2016年，第357页。

② 詹树荣主编，黄继澍、黄楚芬编著：《"怀德古称怀德乡"说质疑》，载《鳄渚志谭》，深圳：深圳报业集团出版社，2014年，第40页。

体厂社名款及艺人自己的名款，从定制款向大师品牌款发展，体现朱泥壶往精品化、产业化、品牌化发展。

20世纪50年代，款识有孟臣、新安顺·孟臣、源兴炳记·陆杯、八杯等。（见图4-98）

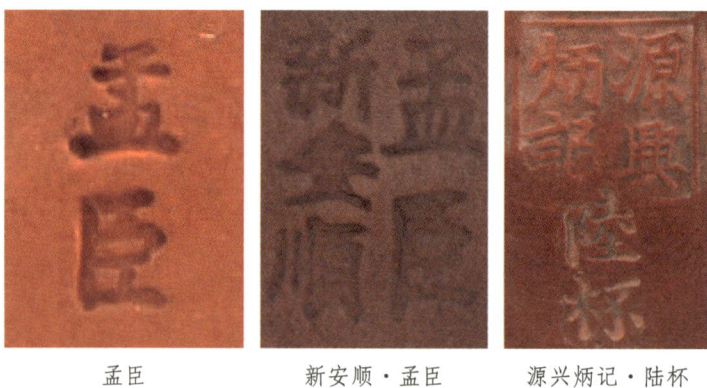

| | | |
|:---:|:---:|:---:|
| 孟臣 | 新安顺·孟臣 | 源兴炳记·陆杯 |

图4-98　50年代款识

二十世纪六七十年代，款识主要有枫溪、潮安陶社、中国枫溪。（见图4-99）

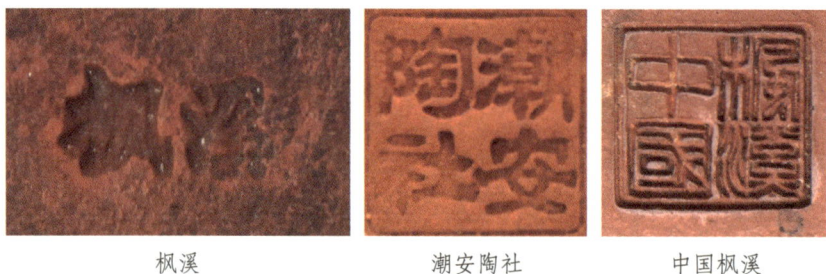

| | | |
|:---:|:---:|:---:|
| 枫溪 | 潮安陶社 | 中国枫溪 |

图4-99　六七十年代款识

20世纪90年代后期，款识以制壶师姓名为主。

# 第五节　烧　造

潮州传统的窑炉为龙窑，由于其窑体为斜卧的长条形，窑头至窑尾沿山坡向上，外形似卧龙，故称龙窑。20 世纪 70 年代以前，潮州陶瓷产品均以烧萩草的龙窑烧造为主，茶具也不例外。20 世纪 60 年代之后，出现烧原油、煤的隧道窑。20 世纪 90 年代之后，陶瓷茶具以气窑、电窑烧造为主。

## 一、龙　窑

枫溪位于潮汕平原腹地，只能在平地垒起土包建窑，称为枫溪平地龙窑，也即枫溪平地龙窑在任何地方都能按要求建窑，不受限制。大埔龙窑是沿山体斜坡砌筑的，利用地形与方向将龙窑建造在山坡、丘陵，依山而建的龙窑能够凭借山的坡度在窑内形成自然抽力，这样的建造方法费用低廉，投入产出的速度快，维修也方便。

枫溪平地龙窑为平地斜坡结构，最短为 18 目，最长为 22 目。以溪底窑为例，长 22 目，每目长 1.1 米，烟囱高 3 米多。枫溪平地龙窑结构分火膛、窑室、烟囱三部分。火膛（俗称窑库）立面设三个进气口，排渣门，里面为炉架（俗称炉窗），柴草在炉架上燃烧，顶端为半球状，左右对称的两个孔为第一目，这两个圆孔较大，洞口用铁铸造，称为龙窑的一对虎眼；窑室（俗称窑仓）上端每隔 1 米便有左右对称的两个孔，按顺序排列，分别称为第二目、第三目……一般龙窑为 22 目，约 25 米，窑室一侧设置三至四个窑门，窑室内部为拱形洞状。烟囱为方形，烟囱与窑室相隔处设两个气口用于调控空气。[①]

枫溪龙窑的烧造采用适合陶瓷混烧的中温氧化焰。泥壶属于红陶类，体量小，注重烧成颜色的稳定。窑工经过长期实践，掌握了其烧造方法，

---

① 李炳炎:《枫溪潮州窑（1860—1956）》，广州：岭南美术出版社，2013 年，第 29—30 页。

即将泥壶坯放入位于龙窑前部的缸、瓮、钵里面及窑尾跳窗前的位置烧造，俗称缶内烧。不过，龙窑烧造的朱泥壶也有不足之处，当温度偏高时，壶身会出现黑褐色；当温度不足时壶流易"糜嘴"；气温不稳定时，器表则会出现呈红紫阴阳颜色的"窑哈"（窑炉气温及火焰所造成的釉色不均匀）现象。20世纪80年代，枫溪生产茶壶的家庭作坊产量较少，大部分作坊将制作好的泥坯运至长美陶二厂的龙窑与其他陶瓷产品混烧。

瓷器茶具的烧造是将坯体装置于匣钵中，因壶坯多施谷糠釉，烧成温度为1 150℃~1 280℃中温氧化焰，当温度偏低时，容易出现开片纹；当掺入的高岭土偏多或烧成温度偏高时，釉面呈粉白色，温润亮泽。烧造时间约20~22小时，经过20小时的冷却后，便可开窑出仓。

## 二、隧道窑

隧道窑是一条长条直线形的隧道，两侧及顶部有固定的墙壁和拱顶，底部铺设的轨道上运行着装载制品的窑车。隧道窑由于生产连续化，改善了操作人员的劳动条件，产品质量稳定，很快得到应用和发展。

1966年，潮安瓷一厂建了潮州第一座烧煤隧道窑，瓷器烧制技术进入了一个新的阶段。1970年，陶瓷公司组织技术组在潮安瓷四厂的隧道窑进行无烟煤烧成试验，初获成功后推广至潮安瓷一厂和潮安瓷五厂。1977年，为了控制窑内的还原气氛，改革为以氧化炉烧无烟煤、烧成炉烧重油的煤油混烧窑。

1980年，潮安瓷三厂将原隧道窑延长，冷却带增设了间接抽余热的夹层结构，烧成带表面增加隔保温层，减少热损，降低产品出窑温度，热效率较大提高。这对提高高温釉下贴花系列茶具的批量化生产，起到关键性作用。

## 三、电　窑

20 世纪 90 年代之后，随着龙窑逐步退出历史舞台，枫溪大小壶坊都拥有自己的小电窑，手拉朱泥壶基本改用电窑烧造。当时烧造的温度没有设定统一的标准，经过一段时间的实践，通过观察成品的外观、质量，各壶坊摸索出一套电窑烧造规律，即根据泥料特性设置烧成温度曲线，通过化学分析及试烧时所掌握的烧结最低或最高的温度，以烧成后吸水率控制在 3%~4% 的窑温为最佳。由于电窑可以自动控温，烧成火候合适，因此手拉朱泥壶烧成后质地坚硬，吸水率一般维持在 3% 左右，泡茶不串味。器表光滑，吸附力低，不易形成茶渣。色泽红艳润泽，气孔大小均匀，具有透气不漏水、保鲜、保温的物理性能。

2015 年之后，普通电窑改革为全自动电脑控温电窑，有效提高了手拉朱泥壶的生产质量。当代专业电窑及电脑设备能将朱泥壶的吸水率控制在 3% 左右，透气不漏水，泡茶不串味，抗冷热变换功能强，不会出现忽冷忽热的骤裂现象，能充分释放朱泥壶的泥料性质，使手拉朱泥壶的品质更上一层楼。

## 四、柴　烧

2015 年之后，随着人们生活水平的提高，审美标准的不断变化，对手拉朱泥壶的烧造技术又提出了新的要求——柴烧。柴烧燃料讲究，一般选用相思树、龙眼树，取其木材结构细致坚硬、燃烧时间长。手拉朱泥壶使用柴烧，可以不用匣钵，直接裸烧，烧成后表面会出现一种落灰的现象。落灰在器表形成不规则釉面或釉泪，有一定层次，呈现出古朴感，这种富于变化的烧造方法越来越受到制壶师及茶壶爱好者的追捧。（见图 4-100 至图 4-102）

图 4-100　谢华柴烧薄胎砂铫

图 4-101　吴佩姬制壶及印款

图 4-102　黄心喜制壶及印款

# 第六节　器　型

潮州茶器生产历史悠久，品种繁多，涵盖了陶、瓷、竹、木、藤、银、锡、铜、铝等材料。本节以陶瓷产品为主进行介绍。

## 一、茶　壶

茶壶，又分陶质茶壶和瓷质茶壶，以枫溪出品著名。

### （一）陶质茶壶

枫溪的红陶茶壶称为朱泥壶，俗称"红罐""土罐"。（见图4-103）

图4-103　锦兴顺记款红陶茶壶

选用田土即黏土配风化石成泥，这些田土经长期冲积而成，富含硅、铁等，经陈腐成泥，可塑性强。传统泥壶的成型工艺以手拉、修坯为主，匠人习惯将胎壁处理得非常薄，厚约1毫米，先开底拉筒身、拉盖投顶、修坯等，再搓壶流、壶把。制成的壶坯烧成后，因器表呈红色而得名，枫溪土罐大多在完成壶坯精修后，浸泡于高含氧化铁的"土水"中，俗称"上土水"，产品烧成后器表光亮呈朱红色，也称"朱泥壶"。（见图4-104、图4-105）

图4-104　源兴炳记款双系提梁壶

图 4-105　贡局款朱泥款

　　手拉朱泥壶用于冲泡工夫茶，其规格以三杯壶为主，也有单杯至四杯等。手拉朱泥壶器形在延续传统小壶的基础上，根据东南亚市场的需要，枫溪壶坊生产容量较大的提梁壶，如寿星壶、洋桶壶；有按客户的要求生产君德、圆珠、文旦、水平等造型的手拉朱泥壶。壶底有印款或刻款，内容有年号款、人名款、诗文款、图案款等；有盖上贡局、萼圃、思亭、松柏青雨、孟臣等；也有盖上枫溪壶坊的名号款。[①] 枫溪以源兴和安顺生产的手拉朱泥壶较为精致而知名。

## （二）瓷质茶壶

　　瓷质茶壶的造型有莲子壶、提梁壶、执壶、柄壶和洋壶等，也有塑人物形提梁壶。将提梁壶置于内里塞满棉花的藤编匣子及潮绣套，可起保护作用，冬天保温，是富有人家家中必备的茶具之一，在家既可用于保温茶水，外出携带也极其方便。提梁壶造型有圆腹、直腹，器型与金银器、锡器、陶质茶壶相借鉴，以五彩、蓝彩、青花红绿彩、贴花等工艺装饰，纹饰有花卉、花蝶、花鸟、龙凤、人物等，画面简洁，各具特色。洋壶指供外销的茶壶，其造型有长腹和宽腹，装饰图案多满足异域审美，且一壶多用，可冲饮咖啡和奶茶等。釉色以白釉、绿釉、褐釉等为主，装饰方法变化多端，如蓝彩、大窑五彩、青花红绿彩、喷彩、贴花等，纹饰主要为人物、动物、山水、花鸟、龙凤等。瓷质茶壶的款识有荣利、如合、余如合造、陶真玉、陶真玉造、陶真玉出品、陶似玉、陶成玉、耀兴、玩玉、合成、长胜、长胜督造、合记、兴记、源记、合顺、成合、成合督造等。

---

① 李炳炎：《潮州窑历代茶具》，深圳：深圳报业集团出版社，2016 年，第 38 页。

## 二、茶　杯

茶杯既有与朱泥壶配套的工夫茶杯，又有宜饮用大杯茶的中茶杯和耳杯。工夫茶杯以白瓷泥拉制为佳，俗称"白玉令"，釉色洁白、胎骨极薄。杯口有撇口和直口，前者提杯不烫手，适合夏天使用，后者胎壁扁厚，提杯略感烫手，适合冬天使用，每只杯的容量约 33 毫升。色釉杯以米黄釉、蓝釉、红釉为主，除了饮工夫茶用，还是祭拜祖先、神明装茶叶或茶水的杯具。此外还有蓝彩、五彩、釉上平彩、粉彩、青花红绿彩作装饰的工夫茶杯，纹饰有开片、人物、山水、动物、花鸟、龙纹等。

## 三、茶洗、茶盘、茶垫

茶洗也称茶船或茶海，造型有圆形、方形、海棠形等，用以浸泡、清洗茶杯或茶壶之用。茶盘用于盛放茶杯，茶盘造型有花口和直口，有方形、圆形和海棠形的平底盘。由茶盘和盛水盆合成一器，冲洗茶杯时，水能通过茶盘漏入水盆，这是工夫茶具特有的器型。（见图 4-106）

图 4-106　吴瑞全拉坯、吴培强刻花山水茶船

茶垫形如平底碟，如果茶盘只放杯，则茶壶必放在茶垫上，既配套美观，也可烫热水以温壶。

## 四、滤水器

滤水器用于贮水，其形为直筒状，上盖，腹内设胆，中心装滤水芯，腹下部装铜质龙头，直接开关出水，方便卫生。滤水芯和龙头的配件通过香港从英国进口配套。

## 五、薄锅仔

薄锅仔即砂铫，又名茶锅仔，是用含砂陶泥做成的小水壶，用于煮水泡茶。薄锅仔有陶质、有瓷质，胎质均极薄，壶连盖重二三两，极为轻巧，能快速烹水，壶盖也轻盈。当水煮开时，热气冲击壶盖，发出"雀雀"的似雀舌声，极为有趣。较知名的有陶德玉生产的薄锅仔。薄锅仔与风炉配套使用，两者形影相随，称"风炉薄锅仔"，是近代潮汕地区冲泡工夫茶的必备之物。

## 六、风　炉

红泥风炉，用于煮水，具有耐高温、省燃料且通风性能好的特点。红泥风炉虽非陶瓷，但其制作工艺与陶瓷类似，且与陶瓷器皿关系密切。柴草时代，风炉是家家户户必备之物，从厨房煮饭大炉至厅堂煮茶小炉，大小品种繁多，造型各异。潮汕各县均有知名品牌风炉生产，小茶炉以潮阳流溪闻名，另揭阳里湖打铁街、枫溪宫后也出品精致之物；大风炉以澄海后沟及饶平柘林知名。

### （一）潮阳流溪

潮阳流溪生产的红泥小茶炉，质量好，档次高，远近闻名。造型多为圆柱形，也有一些塑童子像、兽首作为装饰，分上下两部分，上部盛木炭或橄榄碳，下部盛碳渣，部分风炉还配有上盖、下门、炉门两侧书写"茶联"。款识有潮阳流溪宏兴、潮阳流溪潮盛款等。近现代随着工夫茶流行，流溪茶炉成为工夫茶具的组成部分，深受潮人及茶客的喜爱。

## （二）枫溪宫后

清末，枫溪如合、荣利、锦合、荣兴等作坊都曾经生产红泥炉、日用陶器，这些泥炉以细小造型为主，主要供煮茶或家庭日常之用。器型有直筒型及大头童子等红泥风炉。

## （三）澄海后沟

澄海后沟的风炉生产历史悠久，品种繁多，有草炉、柴炉、炭炉及煤炉等。至20世纪60年代初，后沟砖瓦窑引入潮安东凤镇烧造风炉技术，并创新节能炉的生产，品种有节能草炉（口径18~36厘米）、蜂窝煤炉（口径10~12厘米）、柴炉（口径20~36厘米）、直筒加盖木炭茶炉（口径10厘米）。七八十年代，风炉大多有款识，一般盖上"后沟砖瓦厂风炉窑"椭圆印。为方便产品质量验收，也盖上生产者的名印，如：许辉哲制作的盖一"辉"字，许卓山制作的盖一"山"字，许觉苑制作的盖一"苑"字，许韶关制作的盖一"关"字，许乌牛制作的盖一"牛"字，许俊钿制作的盖一"钿"字，许自洋制作的盖一"洋"字。[①]

## （四）饶平柘林

饶平柘林生产的风炉闻名县内外，是粤东、闽南一带家喻户晓的畅销产品。传统的"柘林风炉"称为"三山炉"，呈圆柱状，中间有个炉窗，上下两个炉门，上面的炉门进柴草，下面的炉门进气，用葵扇扇风和炉门盖控制火力大小，炉面上的"三山"作为放置锅鼎之用。这种风炉有大小多种规格，有以柴草为燃料的各式大炉，也有以木炭为燃料的小炉、边炉和茶炉等。制炉人还制作八角形、四方形、鼓桶形、葫芦形的茶炉；有高脚的、矮脚的；有的还在炉墙上用刀雕刻花鸟虫鱼，出窑后，用彩笔上色，小巧玲珑，美不胜收。

---

① 李炳炎：《广东澄海后沟近现代砖瓦窑址调查》，载陈景熙主编：《潮学集刊》（第四辑），第153–160页。

1964 年，柘林风炉厂创制"俭草炉"，改变原来三山炉四面冒烟为单孔抽烟，导热性能大为改善。在炉的结构方面，在炉腔中间加上铁窗（又称排栅），把炉门与进风道隔开，普遍提高了热利用率。[①]

随着时代的变迁，风炉因使用不方便，逐渐被煤油茶炉和电陶炉取代。

2015 年之后，随着传统工夫茶泡制法的流行，茶客为体验工夫茶文化，炭炉、砂铫又成为工夫茶的主要器具之一。（见图 4-107）

另外，潮州很多家用电器生产厂商投入资金，设计、研究、生产工夫茶电炉系列配套产品。如饶平"新功"生产的电热水壶，具有底部自动上水的功能，更加实用，方便泡制工夫茶。

图 4-107　佘武祥手拉风炉，砂铫

## 七、陶瓷茶叶罐

贵政山村是普宁市池尾镇上的一个小村，因其出产的陶茶罐而扬名海外。贵政山茶叶罐采自普宁市南山至莲花山一带的优质黏土，密封性好，储茶经久不变质，能保持茶叶原味，造型古色古香，盖分阴阳口。器型大小多样，小的只容茶叶二两，大的可装数斤。近代，贵政山茶叶罐釉色主要为酱褐色，并在酱褐釉上描绘竹叶、兰花等白色图案装饰。20 世纪 50 年代之后，装饰手法有所创新，或在酱褐釉上描绘白色花卉、诗文，或在青绿、墨褐等釉色上开光描绘山水、花鸟图案，署年号及贵政山陶社款。

20 世纪 70 年代初，普宁长美陶瓷厂借鉴潮州枫溪色土装饰技术，生产色土六角开光山水纹茶叶罐，色彩艳丽，装饰新颖。（见图 4-108）

---

① 张楚南编著：《海丝古港：柘林》，广州：暨南大学出版社，2017 年，第 87-89 页。

图4-108　贵政山茶叶罐（左一、二，右二），长美茶叶罐（右一）

## 八、锡、铜、银茶器

近代，金属制日用产品为家居必备，需求量大，金属制品打造业也逐渐成为潮州的主要手工业之一，生产技艺不断发展，产品种类日渐丰富，质量渐趋提高。在潮州古城区，金属手工打造业主要分布于打铜街（今义安路北段）、西马路、打银街、太平桥头（今太平路北段）和东门外沿江内街，以及西门外的陈厝池（今新桥路中段）等地带，生产作坊多至数百家。其生产茶具产品居多，多用白银、青铜、锡为原材料，先打造成形，再在器物上錾刻、浮雕出图案，如各类花卉、诗文等，极具观赏价值。

### （一）锡茶器

锡能隔热隔湿，锡制茶叶罐密封性好，罐身厚实，罐颈高，温度恒定，保鲜功能强，可长期保持茶叶的色泽和芳香。

**潮阳颜氏**　相传于明代由惠来前詹麦田村迁至棉城平和东定居的颜氏家族善制锡器，人称"拍锡颜"，手艺熟练精致，用料严格，主要产品为茶叶锡罐及茶壶，造型高贵典雅，器表平和柔滑，光泽历久常新。潮阳颜氏所制锡质茶叶罐最负盛名，其罐口密闭，具有很强的实用价值；造型方面或书卷形，或海棠形，或圆筒形，是精巧的工艺品；装饰方面或铭刻诗句，或加漆彩绘，或镶嵌罩以玻璃的小型字画，不一而足。

**潮城杨记**　大埔县百侯、同仁两甲到潮州府城义安路谋生的铜锡工匠，其中就有杨氏制锡艺人，他们经营的"潮城杨记"锡器远近闻名。汕头开埠后，潮籍客家人杨堃家族到马来西亚创办"皇家雪兰莪"，产品由日用品逐渐过渡到现代茶壶酒器等，制作上发展出锡器高度磨光工艺，使器表光泽闪亮如银。[①]（见图4-109）

图4-109　锡器茶叶罐

## （二）铜、银茶器

20世纪80年代之前，潮州古城区街头巷尾有很多"补面盆铁桶"的五金修理店，工闲时也生产铜锅仔等茶器，一些师傅来自大埔、揭阳等地。

当代，潮州古城银饰知名家族刘元老艺人的子孙们仍然坚持以铜、银等材料制作各种茶器，如五子松钦（1923—2008）一辈子都与金属錾刻打交道，利用一切空闲时间创作心爱的作品，1973年在恢复工艺的短暂氛围中，他利用工余时间创作了几件以传统手法錾刻的龙凤茶叶罐，并将作品送给亲朋好友。20世纪90年代之后，退休赋田后的他发挥余热，与家人

①　参见陈景熙、陈嘉顺主编：《潮汕民间艺术·工艺卷》，汕头：汕头大学出版社，2013年，第345-355页。

一起亲力亲为，创作生产一批錾刻银、铜制品，器型有香炉、茶叶罐等，这些作品以材料费加日常费用为成本出售，被称为"大师作品，平民价格"，以此"修行"传承家族手艺，极受好评。

目前，打铜街的旺记和池祥发铜器店至今仍守护这门传统手艺的经营。牌坊街有多位青年经营者也乐此为业，如潮城荣记的赵荣锐、南春路若容壶艺的陈伟宏等，生产铜、银茶壶制品。（见图4-110）

图4-110　刘松钦茶叶铜罐（右上）、赵荣锐《古城图》铜壶（左、中）、
陈伟宏《祥云图》银壶

## 九、潮州金漆木雕茶盒及茶担

潮州金漆木雕历史悠久。近代，金漆木雕广泛应用于庙宇、祠堂、民居等建筑，还在茶器等方面有所表现。

### （一）潮州金漆木雕茶担

茶担是一种礼仪用具，平时存放于祠堂，每逢民间举行游神赛会活动时用来挑担茶水，随游行队伍巡游，给负责游行活动的人员提供茶水，同时亦借此显示游神队伍的不凡气派。[①] 在游神赛会中与神轿、锣鼓架、琴架等系列配套使用。另外，富有人家春秋郊游、清明扫墓也常让家佣挑茶担随行，茶担中装有泡茶器具以及糕饼茶点等。茶担是成对使用的，上端设置了铜环，可系绳肩挑。茶担分上、中、下三肚，上肚镂雕刻，中肚内面是对开的两扇门，外面是整块雕饰物，茶担中肚之左右两面，因是观众当眼之处，是成对茶担雕刻得最精工的部位，常以人物表现，下肚因距地面较近，离视线较远，故采取浅浮雕雕刻[②]。

## （二）潮州金漆木茶盒

茶盒是古代的保温壶，方便出行饮茶之用，富人出行、学童上书斋常手提茶盒。茶盒以圆形或椭圆形的藤萝居多，少量为描金漆画木盒，盒为八角形，外描金绘山水图及题写茶诗等；配顶盖、活环拉手，内垫木棉，中间置一提梁壶及一对撇口杯，既保温又便于饮茶，典雅实用。冬天将提梁壶置于内里塞满棉花的藤编及潮绣的茶篓中，（见图4-111）即贵妇、小姐们饮茶保温所用的潮绣套茶篓，是以六角形十二面玻璃开光嵌绣花鸟的绣品。该茶篓没有提手，只能放在架子中或由佣人抱着。潮绣套茶篓既便携保温，又精致美观，深受贵妇、名媛们青睐。

图4-111　金漆木茶盒

---

① 参见广东省博物馆编：《潮州木雕》，北京：文物出版社，2004年，第140页。
② 参见杨坚平编著：《潮州木雕》，广州：岭南美术出版社，2008年，第115—116页。

# 第七节　潮州朱泥壶与其他产区的泥壶

传统的茶壶以泥壶为主，瓷壶次之，各产区具有各自工艺风格，主要产区有宜兴、钦州、建水、潮州等。

## 一、宜　兴

宜兴紫砂壶，制作原料为紫砂泥，紫泥矿体形态呈薄层状，挖掘时根据经验寻找矿脉，多以挖坑道开采。《阳羡名壶系》曰："嫩黄泥，出赵庄山，以和一切色土，乃黏埴可筑，盖陶壶之丞弼也。石黄泥，出赵庄山，即未触风日之石骨也，陶之乃变朱砂色。"矿泥中有紫泥、青泥、红棕泥、本山绿泥、缎泥、赵庄红泥等，朱泥相对于其他泥料占比较少，因稀而贵。这些紫砂泥经调配而成，泥质黏性强，易于捏塑，烧造窑位多选择于窑尾烟囱窗前位置，"慢火足熟"，温度为 1 100℃~1 200℃，烧成后收缩率低，不开裂，不变形。

紫砂壶以手拍泥板成型，拍打泥料过程中，砂质下沉，胎壁密度更高，吸水功能较低，故泡茶时不失原味，色香味皆蕴，使用年代越久，壶身色泽就愈加光润古雅，泡出来的茶汤越醇郁芳馨。其坯体能吸收茶的香气，常沏茶的紫砂壶偶尔不放茶叶，倒出的水也会有茶香味。宜兴紫砂壶的壶色与经常冲泡的茶叶有关，常泡红茶的茶壶会由红棕色变成红褐色，常泡绿茶的砂壶则会由红棕色变成棕褐色，壶色富于变化，颇耐人寻味。紫砂壶造型有光货、花货、筋囊货等。造型简练、大方、色泽淳朴、古雅，以陶刻、镶嵌、包金、包银、满釉、粉彩、绞泥、泥绘等装饰为主，是中国紫砂壶的代表。

相传大明正德年间，宜兴供春开紫砂壶艺术化之先河后，制壶技艺日益精巧细致，壶式层出不穷，名家辈出。代表者有供春的树瘿壶、时大彬的僧帽壶等。至清末，紫砂制壶艺人将文人雅士的文字、绘画、雕刻、书法等融入壶艺，捏制出空前精品，如惠逸公的无名壶、孟臣壶、逸公壶、思亭壶，陈曼生的曼生十八壶式等。在中国艺术陶壶产地中，明清至今的艺人传承有序、脉络清晰者应为宜兴，这与明清之后江南成为中国文化高地，文人荟萃，工艺发达，商品流通活跃有着密不可分的关系。

目前宜兴壶艺产业规模大，从业人员多，聚集了全国各地的艺术家和专业的技艺师傅；经营分工细致，如命名矿料、标号泥料的烧造温度、呈色等效果具有标准化；各式生产设备、工具齐备；国家级、省级大师众多，并以设立大师工作室收徒传承技艺，不同大师称号和专业职称的作品价格有明显的区别，具有完整的产业链。

## 二、钦　州

钦州泥兴陶茶壶，简称泥兴壶，以广西钦州市钦江东西两岸特有的紫红陶土为原料，经炼泥工艺处理后将东泥和西泥按一定比例混合制成，陶土中富含铁、锌、钙、锶等对人体有益的元素。泥兴陶壶以手拉坯成型，经1150℃以上高温烧制后窑变产生"自然陶彩"，是其艺术风格的一大亮点。雕刻艺人把诗情画意直接刻画在泥兴陶的陶土上，优美的造型、绚丽多彩的窑变颜色、丰富多样的表现手法、深厚的文化底蕴，使泥兴陶茶壶具有较高的艺术价值。此外，泥兴陶茶壶还具有泡茶不走味、贮茶不变色、盛夏盛茶隔夜不馊等优点。

## 三、建　水

建水紫陶壶，陶泥取自境内五彩山，含铁量高，故其成器硬度也高，表面富有金属质感，叩击有金石之声。建水陶壶以手拉坯成型，讲究精工细作，注重装饰，以刻填、无釉磨制为主要手段，以1150℃~1200℃温度烧造而成，质地细腻，光亮如镜，集实用性与观赏性于一体。

# 四、潮　州

　　潮州手拉朱泥壶选用优质黏土与风化石调配成泥。这些黏土经长期冲积而成，风化石则是地壳运动，火山爆发之后的地层变化所形成，潮州的风化石分布于浮洋青麻山、古巷后伯岭等一带的叶状矿脉，将这些富含有机矿的不同物质调配后，陈腐成泥，因制成的壶坯烧成后，器表呈红色而得名。潮州手拉朱泥壶以手拉坯成型，胎壁中泥沙均匀，密度相对偏低，吸水功能好，茶壶透气感好，茶渣丢藏壶中，经久不发霉，最适宜泡制凤凰单丛茶或其他乌龙茶。装饰方法有刻画、雕塑、釉彩、粉彩、绞泥等，烧造温度为1 080℃~1 180℃，造型有光货、花货。传统潮州手拉朱泥壶的制作从仿古到创新，从追求器型上的"精、细、薄"转为"简、朴、厚"；讲究外观线条的张力，彰显生动气韵；在胎体上注重密度、熟度、光泽度的配合，追求器表的温润感；同时，吸收潮州民间艺术之精华，形成具有鲜明地方特色的艺术风格。

　　潮州手拉朱泥壶的制作工序烦琐，从选泥、制泥、拉坯、组装、修坯、装饰到烧造完成，大大小小需经历数十道工序。此过程要求壶艺师要有扎实的基本功，熟练掌握泥料选择、工艺成型、烧造方法等流程。另外，因潮州手拉朱泥壶是集实用与鉴赏于一体的艺术品，为丰富手拉朱泥壶的艺术内涵，还要求壶艺师必须具备良好的职业素养与审美意识，创造出更为精美、独具意义的潮州手拉朱泥壶。一把手拉朱泥壶的问世，制壶师必须投入大量的精力和时间。加之当代潮州手拉朱泥壶的发展迅猛，在工艺、造型等方面都有了新的改进，这对制壶师来说是一种新的挑战，也是一种机遇。

　　在泥壶人文历史的发展脉络上，宜兴独树一帜，而钦州、建水、潮州三地在这方面稍逊风骚，但宜兴的手拍、钦州的彩刻、建水的刻填、潮州的手拉都有其独特的地方艺术魅力。2012年之后，潮州手拉朱泥壶产业逐渐发展，一些先知先觉的大师意识到随着潮州工夫茶文化的复兴，工夫茶壶的需求量将会越来越大。他们通过开门培训，吸引更多爱好者加入制壶行列；又意识到潮州与宜兴的差距，力图通过借鉴宜兴等地的制壶工艺，扩大潮州朱泥壶行业经营规模。显然，他们通过开门授徒，培养和造就了一大批青年壶艺师，使潮州壶艺从业者的队伍不断壮大，创作水平不断提高。潮州也凭借手拉朱泥壶高雅的格调、精湛的传统工艺特点、较强的实用功能和独特的文化价值，成为可与宜兴、钦州、建水比肩的"中国四大泥壶产地"之一。

# 附录　潮州市工艺美术协会（部分）壶艺会员情况<sup>①</sup>

谢华，男，1965 年出生，潮州人。中国工艺美术大师、国务院特殊津贴专家、文化部优秀专家、国家级非遗传承人、正高级工艺美术师，现为中国工艺美术协会常务理事、广东省紫砂朱泥专业委员会主任，潮州市工艺美术协会常务副会长。源于自然、融会贯通是其制壶工艺的最大特点。他善于把古典的、现代的、国内的和国外的各种美的理念融入自己的朱泥壶作品中，是当代最富有创新精神的制壶大师之一。他的作品清新、大气、简朴、流畅、儒润，艺术境界明显与众不同。其作品分别被中国紫砂博物馆、中国工艺美术馆、钓鱼台国宾馆收藏。

张瑞端，男，1968 年 9 月出生于潮州市潮安区金石镇，正高级工艺美术师，中国工美行业艺术大师，广东省工艺美术大师，轻工"大国工匠"，潮州市工艺美术协会副会长。工作室所在地：潮州市裕德堂壶艺研究所（潮州市枫溪区银槐路二横尾）。1984—2013 年，在裕德堂陶艺工作室学习设计、创作紫砂茶具；2013 年 7 月，创办潮州市裕德堂壶艺研究所，从事紫砂壶艺术研究及创作。代表作品：《孺子牛壶》《螭蟠壶》《民族魂壶》《初心壶》。成型工艺以手拉技艺、镶嵌技艺成型为主。《孺子牛壶》荣获 2007 年第二届陶瓷艺术与设计创新大赛特别金奖，《螭蟠壶》获 2009 年第五届中国（深圳）国际文化产业博览交易会（以下简称"文博会"）中国工艺美术文化创意奖金奖，《穗之韵·壶》获 2020 年粤港澳大湾区工艺美术博览会"国匠杯"金奖。现带徒有张泽锋、张帆逸、陈澄等。

---

① 本附录内容由潮州市工艺美术协会会员提供给协会秘书处，按常务副会长、副会长、常务理事、监事、副秘书长、理事、会员排列。

章海元，男，1975年9月出生于潮州市湘桥区西塘村，高级工艺美术师，广东省工艺美术大师，潮州市工艺美术协会副会长。8岁开始学做壶，师承祖父章永添和父亲章燕明的手拉朱泥壶制作技艺，从业三十余年，对手拉壶创作有独到的见解和深厚感情。在不断地探索实践和创新提质中，精湛技艺和深厚造诣成就了他在调泥和料方面的游刃有余、在手拉创作方面的鬼斧神工、在壶型设计上的超脱别致，其逐渐成长为业界认可的手拉壶艺术大师。工作室所在地：潮州市章燕明陶瓷壶艺研究所（潮州市湘桥区西塘村）。代表作品：《圆梦》《富贵》《丝韵春风》《天门》等，以手拉坯成型为主。朱泥壶《金垛垛》获2014年文博会中国工艺美术文化创意奖特别金奖，《月亮船》获2013年第十五届中国工艺美术大师精品博览会特别金奖，《情侣舞》获2011年第十三届中国工艺美术大师精品博览会中国工艺美术特别金奖。现带徒有赖秀柳、章湘建等。

吴义永，男，1981年7月出生于潮州市饶平县，高级工艺美术师，广东省工艺美术大师，潮州市工艺美术协会副会长，毕业于广东省陶瓷学校，师承于中国工艺美术大师谢华，得到大师真传。作品分别被中国紫砂博物馆、广东省工艺美术珍品馆收藏。

章广鑫，男，1981年9月出生于潮州市湘桥区西塘村，正高级工艺美术师，广东省工艺美术大师，潮州市工艺美术协会副会长。自幼师从祖父章永添和父亲章燕城学艺，现在章燕城手拉壶研究所从事壶艺研究、创作及传承工作。工作室所在地：燕城茶壶（潮州市凤新西塘开发区学校路东片12巷7号）。代表作品：手拉壶《朱雀》《鹤鸣壶》《红桃粿》等，以手拉坯成型为主。2009—2014年创作的作品《提梁组合壶》《厚德载物》《沙漠之舟》《五代同堂》《马到功成》先后获文博会中国工艺美术文化创意奖金奖，《一品竹》获2011年中国工艺美术协会"深圳金凤凰"创新设计奖金奖，提梁手拉壶《玄》获2012年中国工艺美术"百花奖"金奖等。

　　吴映钊，男，1959 年 11 月出生于潮州市湘桥区，高级工艺美术师，广东省工艺美术大师，广东省非物质文化遗产传承人，潮州市工艺美术协会副会长。毕业于广东省工艺美术学校，成长于陶瓷艺术世家，自幼师承父亲吴德立，至今从艺五十多年。工作室所在地：吴映钊非物质文化遗产传承保护基地（潮州市湘桥区西塘开发区）。代表作品：《思想篇·慧眼》《禅意篇·悟》《故事篇·桃园三结义》等，成型工艺以拍打泥片成型为主。作品风格以装饰、抽象为中心，大胆创新，以形传神，简约凝练。《一芦渡江——显神通》获 2012 年文博会中国工艺美术文化创意奖金奖，《慧眼》获 2013 年文博会中国工艺美术文化创意奖特别金奖，《王者》获 2014 年文博会中国工艺美术文化创意奖金奖。现带徒有吴海博等。

　　章振顺，男，1970 年 5 月出生于潮州市湘桥区西塘村，高级工艺美术师，广东省工艺美术大师，潮州市工艺美术协会副会长。学成于江西陶瓷职业技术学院美术设计系，师从景德镇张田军老师学习手拉技艺。2000 年至今从事手拉壶设计与制作，2015 年创办六顺堂手拉壶体验馆，并被评为广东省青少年科技教育基地。2017 年创办潮州市章振顺陶瓷艺术研究所，旨在传播陶瓷、手拉壶制作技术，促进潮州传统工艺文化的传承和发扬。工作室所在地：潮州市章振顺陶瓷艺术研究所（潮州市湘桥区西塘开发区）。代表作品：《飞翔壶》《神灯壶》《吉祥如意》等。紫砂壶《同心壶》获 2015 年文博会中国工艺美术文化创意奖金奖，《代代封侯》获 2016 年中国工艺美术文化创意奖金奖，《一粒珠》获 2017 年广东省工艺美术精品展金奖。现带徒有吴瀚、苏国荣、章少伟。

　　卢桂荣，男，1969 年 9 月出生于潮州市枫溪，潮州市工艺美术协会副会长，高级工艺美术师，广东省工艺美术大师。1991 年毕业于广东省陶瓷学校（现广东省陶瓷职业技术学校），1988 年创立雕塑工作室，2008 年在谢华陶艺中心学习壶艺，从事手拉壶的设计与制作至今。工作室地点：桂荣壶艺（潮州市枫溪陶瓷城内）。作品主要特色：将传统文化利用雕塑技艺融合到潮州手拉壶制作上，改变过去潮州手拉壶比较单一、局限于光面的现状，是潮州花壶先行者。代表作品：陶瓷雕塑《兵马俑》，手拉壶《民族魂》《唤春》等。陶瓷雕塑《兵马俑》获2016年文博会中国工艺美术文化创意奖特别金奖，手拉壶《唤春》获2017年文博会中国工艺美术文化创意奖金奖，手拉壶《民族魂》获2020年第二届广东省"非遗新造物"十佳之首。现带徒有卢金祥、吴壮煌、郑建辉等。

陈卢鹏，男，1967年10月出生于潮州市湘桥区，正高级工艺美术师，潮州市工艺美术协会副会长，师承中国工艺美术大师谢华。2008年在谢华陶艺中心学习壶艺，从事手拉壶的设计与制作至今。工作室所在地：陈卢鹏手拉壶工作室（韩山师范学院韩东校区）。代表作品：手拉壶《天平》《红桃粿》《乘风破浪》等，以手拉坯成型为主。《润》获2014年文博会中国工艺美术文化创意奖金奖，《天平》获2014年第十六届中国工艺美术大师精品博览会中国工艺美术金奖，《朝凤》获2015年第十七届中国工艺美术大师精品博览会中国工艺美术金奖。利用高校平台，创建"师带徒"的大师工作室进行培训。现带徒有林海奇、林浩滨、章锦权等。

章潮彬，男，1967年11月出生于潮州市湘桥区西塘村，高级工艺美术师，潮州市工艺美术协会副会长。1997年至今从事手拉壶设计与制作及朱泥研究、生产。工作室所在地：章潮彬陶瓷原料厂（潮州市湘桥区凤新街道西塘村）。代表作品：手拉壶《百年好合》《双福壶》《海豚飞跃》等，获国家级"金奖"。

佘慕君，女，1969年1月出生于潮州市枫溪区，工艺美术师，潮州市工艺美术大师，潮州市工艺美术协会副会长。师承谢华、邹丽娟，1987—1990年在潮州市国营瓷三厂从事陶瓷设计工作，1991年成立成合佘慕君手拉壶工作室，主要研究陶瓷雕塑、造型设计、工艺技术及紫砂朱泥壶创作。工作室所在地：佘慕君壶艺（潮州市枫溪区枫一佘厝四房中路枫一粮所东路三巷）。代表作品：《凤城之春》《知足常乐》《五福临门》《上合桃提梁》《凌云志》等，擅长制作仿生花货。作品集合天地自然元素，带有古朴的粗犷超然，兼具女性的优雅柔美，大气磅礴又不失灵动秀气，个人风格明显且强烈。《五福临门》获第八届广东省陶瓷艺术精品展金奖，《包罗万象》获2021年广东省工艺美术精品展金奖，《佛缘》获2021年第十三届广东省陶瓷艺术创作设计创新作品评选暨第十二届广东省陶瓷艺术精品展金奖。现带徒有陈顼之。

吴为新，男，1971年10月出生于潮州市枫溪区，潮州市工艺美术协会副会长。工作室所在地：悠然斋（潮州市湘桥区东山路金马大道韩晖山庄）。1992年开创独立设计室，为当时各大陶瓷厂家开发和设计产品，2003年受永宣陶瓷邀请成为永宣陶瓷美术总监。2010年因独特的设计理念受到谢华大师的关注，在多次交流学习后，从雕塑与手拉壶这两种工艺知识碰撞中构思出了全新的艺术遐想。2011年转入谢华大师的工作室开始学习手拉壶基础，经过多年历练，2018年首次参加广东省首届工艺美术行业职工职业紫砂·朱泥壶创作技能大赛便荣获金奖。成型工艺以手拍成型为主，代表作品有手拍壶《禅·荷方》《古城印象》。

赖通发，男，1973年11月出生于潮州市枫溪区，工艺美术师，潮州市工艺美术协会常务理事。师承中国工艺美术大师谢华，2001年跟随谢华大师学艺，2016年创办八邑匠人工作室至今。工作室所在地：八邑匠人（潮州市湘桥区上水门街23号）。代表作品：手拉壶《天坛》《小蛮腰》《清泉》《凤雏》《鸣凤》，以手拉坯成型为主。《清泉》获2015年十七届中国工艺美术展金奖，《凤雏》获2017年文博会中国工艺美术文化创意奖金奖，《小蛮腰》获2018年第十一届中国陶瓷艺术大展金奖。现带徒有蔡柱贤、许佳纯、蔡煜坚等。

郑彦滨，男，1981年10月出生于潮州市潮安区凤塘镇，工艺美术师，潮州市工艺美术大师，潮州市工艺美术协会会员。2000年至今从事潮州朱泥手拉壶的设计与制作，同时创立惟滨壶艺工作室。工作室所在地：惟滨壶艺工作室（潮州市湘桥区牌坊街图训巷2号）。代表作品：手拉壶《广济楼》《湘桥春涨》《渔翁》等，以朱泥手拉坯与描金为主要工艺特色。《湘桥春涨》获2019年第十五届文博会工艺美术"飞花奖"金奖，《听涛》获2020年首届广东省现代家居工艺美术文化创新设计大赛金奖，《智壶》荣获2021年广东省工艺美术精品展金奖。

杨健，男，1969年6月出生于广东省潮州市潮安区文祠镇小行村，高级工艺美术师，潮州市工艺美术协会监事。2009年至今师从中国工艺美术大师谢华学习手拉朱泥壶的制作，传承、推广潮州朱泥手拉壶技艺，2009年创建潮州丝竹轩壶文化研究院，2012年创建潮州工夫茶壶文化展览馆。工作室所在地：潮州工夫茶壶文化展览馆（潮州市湘桥区牌坊街义井市场内）。代表作品：《和平壶》《义井壶》《五行壶》。《和平壶》获第十一届中国工艺美术"百花奖"金奖，《春语壶》获2016年广东（潮州）工艺美术精品展金奖，《义井壶》获2018年中国工艺美术学会民间工艺美术"乡土奖"金奖。

陈沛雄，男，1982年3月出生于潮州市潮安区江东镇，高级工艺美术师，广东省工艺美术协会监事，广东省紫砂朱泥壶专业委员会副秘书长，潮州市工艺美术协会副秘书长。师承中国工艺美术大师谢华，2008年在谢华陶艺中心学习壶艺，从事手拉壶的设计与制作至今。工作室所在地：雄风阁（潮州市潮安区江东镇村头村）。代表作品：手拉壶《水平》《西施》《君子》等，以手拉坯成型为主。《凤壶》在2014年中国工艺美术大师精品博览会中获中国工艺美术特别金奖，《道韵》获2021年文博会中国工艺美术文化创意大赛金奖，《君子对壶》获2021年粤港澳大湾区工艺美术博览会"国匠杯"金奖。

张瑞隆，男，1974 年 5 月出生于潮州市潮安区金石镇张厝巷村，高级工艺美术师，广东省工艺美术大师，潮州市工艺美术协会理事。从艺三十多年，一直从事手拉壶的设计与制作。工作室所在地：张瑞隆陶艺工作室（潮州市枫溪外马路 89 号）。代表作品：手拉壶《飞天壶》《海上明珠》《圆梦》等，以手拉坯成型为主。《飞天壶》获第十三届中国工艺美术大师精品博览会金奖，并被广东工艺美术珍品馆收藏；《海上明珠》获第五届"华光杯"中国陶瓷产品设计大赛金奖；《圆梦》获 2015 年第五届"大地奖"陶瓷作品评比金奖，并被广东工艺美术珍品馆收藏；《金瓜壶》获 2014 年文博会中国工艺文化创意金奖。

谢两岳，男，1968 年 3 月出生于潮州市枫溪区池湖，高级工艺美术师，广东省工艺美术大师，潮州市工艺美术协会理事。自 1998 年至今在华泰艺术工作室从事陶瓷雕塑及手拉壶艺术创作。工作室所在地：华泰艺术工作室（潮州市枫溪区池湖日用市场 16 号）。代表作品：《建党 90 周年纪念壶》《六和乾坤壶》，六和壶中最小的壶直径仅 1.2 厘米。成型工艺：手拉成型，浮雕寄贴装饰。《建党 90 周年纪念壶》获 2011 年第二届广州紫砂陶瓷文化节金奖，《六和乾坤壶》获 2011 年文博会中国工艺美术文化创意奖金奖，《红色经典壶》获 2013 年文博会中国工艺美术文化创意奖金奖。

吴锦全，男，1974 年 9 月出生于潮州市枫溪区，高级工艺美术师，广东省工艺美术大师，潮州市工艺美术协会理事。师承父亲吴维祥，自幼跟随父亲学习手拉壶技艺，创办了潮州市吴锦全手拉壶艺术研究所，从事手拉壶的设计与制作以及手拉壶技艺的发扬光大。工作室所在地：吴锦全手拉壶艺术研究所（潮州市枫溪四房中路 38 号）。作品手法严谨，运线规整，造型飘逸，壶风典雅，精、气、神俱佳。代表作品：《福在眼前》《礼》《红头船》等。《腾飞》获 2010 年广东传统工艺美术精品展金奖，《蓬勃》获 2012 年文博会中国工艺美术文化创意奖金奖，《福寿双全》获第十五届中国工艺美术大师精品博览会暨中国工艺美术优秀作品评选传统艺术金奖。现带徒有吴洁烽、吴洁敏、舒泽丽。

吴敬亮，男，1970年3月出生于潮州市枫溪区，高级工艺美术师，潮州市工艺美术大师，潮州市工艺美术协会理事。1985年随父学习手拉壶技艺制作，从事手拉壶的设计与制作至今，现任潮州市湘桥区吴敬亮陶瓷壶艺研究所所长。工作室所在地：吴氏陶坊（潮州市湘桥区下东平路金聚巷15号）。代表作品：手拉壶《水平》《西施》《君子》等，以手拉坯成型为主。《寿桃提梁壶》获第十四届中国工艺美术大师精品博览会金奖，《清风亮节》获2012年文博会中国工艺美术文化创意奖金奖，《百寻竹》获2016年文博会中国工艺美术文化创意奖金奖。现带徒有吴逸、吴明浩。

陈辉，男，1978年8月出生于潮州市枫溪区，工艺美术师，潮州市工艺美术大师，潮州市工艺美术协会理事。1997年至今从事手拉壶的设计与制作。工作室所在地：潮州市枫溪陶瓷城西区A1。代表作品：手拉壶《化境》《水平》《三足乳鼎》等。浮雕手拉壶《潮州广济古桥》获2014年文博会中国工艺美术文化创意奖银奖，《水平壶》获2016年广东（潮州）工艺美术精品展金奖，《美术陶——渡真壶》获2018年第三届深圳国际茶器设计大赛金奖。

佘振鹏，男，1970年4月出生于潮州市枫溪区，工艺美术师，潮州市工艺美术协会理事。毕业于广东省陶瓷学校（现广东省陶瓷职业技术学校），自2003年至今从事手拉壶的设计与制作。工作室所在地：壶度工作室（潮州市枫溪区瓷兴路南兴里综合楼四幢101）。代表作品：手拉壶《西施壶》《天鹅壶》《鸡壶》《猪壶》等，以手拉坯成型为主。《袖珍陶泥壶》获第三届广东省工艺美术精品展金奖，手拉壶《多线泥陶壶》获第七届中国工艺美术大师精品博览会中国工艺美术银奖，《袖珍陶泥茶具》获2005年"金凤凰"原创旅游品、工艺品设计大奖赛技术技艺创新奖铜奖。

赵秋敏，男，1970 年 2 月出生于潮州市湘桥区打银街，潮州市工艺美术协会会员。20 世纪 90 年代师承李楚良、陈秋汉，之后创办潮城荣记壶艺坊，工作室所在地：潮城荣记壶艺坊（潮州市湘桥区太平路 235 号）。代表作品：《古城图一体银壶》《广济桥铜壶》等。浮雕錾刻铜壶《吉祥寿星图》获 2017 年文博会中国工艺美术"飞花奖"金奖。

章燕城，男，1953 年 8 月出生于广东省潮州市湘桥区西塘村，高级工艺美术师，广东省工艺美术大师，潮州市工艺美术协会会员。师承老安顺制壶世家第三代传人章永添，现任潮州市章燕城朱泥手拉壶研究所所长，1965 年开始学习壶艺，从事手拉壶的设计与制作至今。工作室所在地：燕城茶壶（潮州市凤新西塘开发区学校路东片 12 巷 7 号）。代表作品：手拉壶《沙漠之舟》《禅提梁壶》《马到功成》《厚德载物》等。《千环西施》《潮韵》《太极悟道》被中国工艺美术馆收藏，《厚德载物》《五代同堂》《沙漠之舟》等原创作品先后获文博会中国工艺美术文化创意奖金奖。

章壮雄，男，1971 年 5 月出生于潮州市湘桥区西塘村，高级工艺美术大师，广东省工艺美术大师，潮州市工艺美术协会会员。师从父亲章永杰，从业三十多年，2000 年成立章壮雄手拉壶工作室。工作室所在地：章壮雄手拉壶工作室（潮州市湘桥区凤新西塘开发区学校路西片五巷 2 号）。代表作品：手拉壶《五子登科》《和畅提梁壶》《相濡以沫》等，以精巧细薄工艺著称，既承祖风，又有独特神韵。《和畅提梁壶》获 2011 年第十三届中国工艺美术大师精品博览会金奖，《相濡以沫》获 2012 年第十四届中国工艺美术大师精品博览会金奖。

柯敏，男，1971 年 3 月出生于潮州市枫溪区，高级工艺美术师，广东省工艺美术大师，潮州市工艺美术协会会员。1991 年从广东省陶瓷学校（现广东省陶瓷职业技术学校）毕业后从事陶瓷雕塑、茶器具及日用陶瓷设计制作工作，制壶技艺师承中国工艺美术大师谢华，现专注于潮州枫溪手拉朱泥壶的传承与制作。工作室所在地：柏荫精舍（潮州市牌坊街郑厝巷16号）。代表作品：手拉壶《长顺壶》《千祥壶》《如意提梁》等，以手拉坯成型为主。《矮掇只》获2016年文博会中国工艺美术文化创意奖金奖，《长顺壶》获2018年第十四届文博会中国工艺美术文化创意奖金奖。现带徒有陈少鹏、蔡杭繁、邱思泽等。

郑剑锋，男，1975年5月出生于江苏省宜兴市，正高级工艺美术师，广东省工艺美术大师，广东省工艺美术协会第八届理事会常务理事，潮州市工艺美术协会会员。师承中国工艺美术大师季益顺，1998年12月在宜兴市季畅园紫砂文化艺术有限公司任设计总监，至今从事紫砂壶的设计与制作。代表作品：紫砂壶《景星庆云》《丰硕》《暗香》等。紫砂壶《瓢虫瓜趣》获2012年第三届广州紫砂·陶瓷艺术文化节"天工杯"紫砂陶瓷作品评比金奖，《月桂锦华》获2014年第五届广州紫砂·陶瓷艺术文化节"天工杯"紫砂陶瓷作品评比金奖，《竹影》获2016年第七届广州紫砂·陶瓷艺术文化节"紫金城·天工杯"金奖。现带徒有缪锡强、苏叶飞、佘殷圳。

吴洁烽，男，1980年2月出生于潮州市枫溪区，高级工艺美术师，潮州市工艺美术大师，潮州市工艺美术协会会员。师承广东省工艺美术大师吴锦全，2000年创建个人工作室博雅堂，从事手拉壶设计及制作至今。工作室地址：博雅堂（潮州市枫溪区宫仔前3号）。代表作品:《思源壶》《守智壶》《龙蟠九鼎》《千线腾飞》等，以手拉坯成型为主。《思源壶》获2011年广东省工艺美术精品展银奖，《龙蟠九鼎》获2013年第十五届工艺美术大师精品博览会金奖，《千线腾飞》获2014年中国工艺美术文化创意奖金奖。

章金财，男，1972年10月出生于潮州市湘桥区西塘村，高级工艺美术师，潮州市工艺美术大师，潮州市工艺美术协会会员。1981年10月—

1991年12月师从父亲章永江，1992年1月—2002年12月在"安顺得记"手拉壶作坊工作，2003年1月—2012年12月在潮州市枫溪嘉燕瓷艺厂工作，2013年3月至今在潮州市安顺手拉壶陶瓷艺术研究所工作。工作室所在地：安顺手拉壶陶瓷艺术研究所（潮州市湘桥区凤新街道西塘村）。代表作品:《丰韵》《凤凰花篮》《晨鸣》等，以手拉坯成型为主。《丰韵》获2010年第十二届中国工艺美术大师精品博览会创新艺术金奖，《凤凰涅槃》获2015年第十七届中国工艺美术大师精品博览会金奖，《晨鸣》《神灯》获广东省工艺美术精品大展金奖。

邱桂林，男，1982年8月出生于潮州市枫溪区，高级工艺美术师，潮州市工艺美术大师，潮州市工艺美术协会会员，2001年创办邱氏陶坊，至今从事手拉壶的设计与制作。工作室所在地：邱氏陶坊（潮州市枫溪长美）。代表作品：手拉壶《开怀》《飞跃》《藤篮》等，以手拉坯成型为主。《飞虹》获2010年中国工艺美术"百花奖"金奖，《洞庭》获2018年广东省工艺美术精品展"岭南工匠杯"金奖，《飞跃》获2018年第十四届文博会中国工艺美术文化创意奖金奖。

吴晗哲，男，1986年4月出生于潮州市枫溪区，国家级非物质文化遗产枫溪手拉朱泥壶制作技艺市级代表性传承人，工艺美术师，潮州工艺美术大师，潮州市工艺美术协会会员。受到家庭熏陶和潜移默化的影响，自幼学习手拉壶技艺。以家族传承为主，传承系列为：吴英武——吴炳城——吴锦永——吴瑞深——吴培镇——吴晗哲。2005年在祖父吴瑞深指导下学习手拉壶技艺，至今从事手拉壶的设计与制作。工作室所在地：吴晗哲手拉壶工作室（潮州市枫溪区银槐路）。《竹韵》获2013年第十五届中国工艺美术大师精品博览会传统艺术金奖，《悟云》获2013年第十五届中国工艺美术大师精品博览会金奖，《凤舞》获2019年广东省第十届陶瓷艺术与设计创新大赛暨广东省第八届陶瓷艺术精品展金奖。

吴德盛，男，1958 年 10 月出生于潮州市枫溪怀德，高级工艺美术师，潮州市工艺美术协会会员。2000 年至今从事手拉壶的设计研制工作。工作室所在地：十虚斋壶艺工作室（潮州市枫溪枫二新村）。代表作品：手拉壶《鸳鸯》《如意》《吉象》等，以枫溪手拉坯成型为主。《鸳鸯》获 2012 年第八届中国工艺美术"百花奖"金奖，《如意》获 2016 年第十六届中国工艺美术大师精品博览会金奖，《吉象》获 2014 年文博会中国工艺美术文化创意奖金奖。

柯少泓，男，1964 年 11 月出生于潮州市枫溪区，高级工艺美术师，潮州市工艺美术协会会员。2004 年至今从事手拉壶雕刻的设计、创作。工作室所在地：弘艺轩艺术工作室（潮州市枫溪枫一开发区银槐路九横）。代表作品：手拉壶雕刻《琴棋书画》《潮州八景》、瓷刻《国色天香》等。手拉壶雕刻《琴棋书画》获 2013 年第十五届中国工艺美术大师精品博览会传统艺术金奖，瓷刻《国色天香》获 2013 年第十五届中国工艺美术大师精品博览会文化创意奖金奖，手拉壶雕刻《潮州八景》获 2013 年广东省紫砂朱泥壶大展金奖。

佘小豪，男，1966 年 6 月出生于潮州市枫溪区，高级工艺美术师，潮州市工艺美术大师，潮州市工艺美术协会会员。2004 年在表兄谢华大师陶艺中心学习壶艺，从事手拉壶设计和制作至今。工作室所在地：佘小豪手拉壶工作室（潮州市枫溪区茉莉丛脚 29 号）。代表作品：《汉钟壶》《古风壶》《古秀壶》等，以手拉坯为主。《汉钟壶》获 2013 年第十五届中国工艺美术大师精品博览会金奖，《古秀壶》获 2014 年文博会中国工艺美术文化创意奖金奖，《古风壶》获 2015 年文博会中国工艺美术文化创意奖金奖。

蔡镇双，男，1967 年 4 月出生于潮州市湘桥区，高级工艺美术师，潮州市工艺美术大师，潮州市工艺美术协会会员。师承中国工艺美术大师谢华，1985 年 1 月至今从事手拉壶的设计与制作。工作室所在地：蔡镇双壶艺（潮州市湘桥区凤新街道莲云村）。代表作品：手拉壶《柿饼》《思亭》《藏壶》等，以手拉坯成型为主。《犀牛》获 2013 年第十五届中国工艺美术大师精品博览会传统艺术金奖，《藏壶》获 2013 年第十五届中国工艺美术大师精品博览会银奖，《思亭》获 2014 年第二届中国（四川）国际家居饰品暨红木艺术展览会广东（潮州）工艺美术精品展金奖。

佘楚和，男，1971 年 11 月出生于潮州市枫溪区，高级工艺美术师，潮州市工艺美术协会会员。师承佘秋林、黄树藩，1971 年随佘秋林学习陶瓷雕塑，1994—2006 年自己成立工作室从事陶瓷雕塑创作，2006 年创办佘楚和手拉壶工作室。工作室所在地：佘楚和手拉壶工作室（潮州市枫溪区联丰路三横六号）。代表作品：《思源》《瀛珠》《三国·兄弟情》等，以手拉坯结合雕塑、切削等手法成型为主。《瀛珠》获 2013 年中国工艺美术大师精品博览会金奖，《思源》《三国·兄弟情》获 2014 年文博会中国工艺美术文化创意奖金奖。

吴佩姬，女，1970 年 8 月出生于潮州市枫溪区，高级工艺美术师，潮州市工艺美术大师，潮州市工艺美术协会会员。毕业于景德镇陶瓷学院（现景德镇陶瓷大学），师承中国工艺美术大师谢华，2012 年在谢华陶艺中心学习壶艺，从事手拉壶的设计与制作至今。工作室所在地：潮州市祥源壶艺工作室（潮州市凤新开发区嘉捷纸品厂）。代表作品：手拉壶《贵妃》《思源》《汉铎》等，以手拉坯成型为主。《思源》《荸荠》分获 2015 年第十七届中国工艺美术大师精品博览会金、银奖，《井栏壶》获 2019 年第十五届文博会中国工艺美术文化创意奖银奖，《贵妃》获文博会工艺美术"飞花奖"金奖。现带徒有张嘉鸿、蔡润楠、陆培歆等。

魏熹，男，1979 年 10 月出生于潮州市湘桥区，高级工艺美术师，潮州市工艺美术大师，潮州市工艺美术协会会员。毕业于广东广播电视大学（现广东开放大学），师承吴锦全、吴洁烽学习手拉壶制作技艺。2010 年创办潮州市荣熹斋艺术工作室，从事手拉壶的设计与制作至今。工作室所在地：荣熹斋艺术工作室（潮州市湘桥区中山路涸池巷 4 号）。代表作品：手拉壶《凤鸣》《飘逸》《三足凤翔》等。《思婷》获 2016 年广东省工艺美术精品展金奖，《三足凤翔》获 2016 年广东（潮州）工艺美术精品展金奖，《凤鸣》获 2017 年"金凤凰"创新产品设计大奖赛金奖。

罗文锐，男，1987 年 5 月出生于潮州市湘桥区意溪镇，高级工艺美术师，潮州市工艺美术大师，潮州市工艺美术协会会员。师承中国工艺美术大师谢华，2011 年 8 月至今在潮州市湘桥区陶瓷传统特色工艺研究中心工作。工作室所在地：明德园（潮州市湘桥区太元路 2 号）。代表作品：手拉壶《清趣》《扁西施》《玉兔》《乳钉》等，以传统器型为主，线条富有张力。《和平壶》获 2015 年第十七届中国工艺美术大师精品博览会金奖，曾获 2017 年广东省第三届紫砂、朱泥壶现场手拉坯技术制作大赛二等奖，《乳钉》获 2018 年广东省工艺美术精品展"岭南工匠杯"金奖。

林湘禹，男，1988 年 8 月出生于潮州市湘桥区厦寺村，高级工艺美术师，潮州市工艺美术协会会员。师承中国工艺美术大师谢华，2010 年在谢华陶艺中心学习壶艺，从事手拉壶的设计与制作至今。工作室所在地：明德园（潮州市湘桥区太元路 2 号）。代表作品：手拉壶《沉鱼》《落雁》《星月》等，以手拉坯成型为主。《拥月》获 2014 年第十六届中国工艺美术大师精品博览会金奖，《星月》获 2015 年首届广东传统工艺文化博览交易会金奖。

章炜勤，男，1982 年 8 月生于潮州市湘桥区西塘村，高级工艺美术师，潮州市工艺美术大师，潮州市工艺美术协会会员。师承父亲章锡河，2000 年至今在父亲章锡河创办的章氏河记手拉壶作坊从事手拉壶的设计和制作。工作室所在地：章氏河记手拉壶工作室（潮州市湘桥区凤新街道西塘村）。代表作品：手拉壶《富贵》《飘逸》《奔月》等，以手拉坯成型为主。

《龙欢壶》获 2013 年广东紫砂朱泥壶大展金奖，《飘逸》获 2013 年第十五届中国工艺美术大师精品博览会金奖，《奔月》获 2014 年第十六届中国工艺美术大师精品博览会金奖。

　　章泽伟，男，1984 年 9 月出生于潮州市湘桥区西塘村，高级工艺美术师，潮州市工艺美术大师，潮州市工艺美术协会会员。师承父亲章锡河，2004 年至今在父亲章锡河创办的章氏河记手拉壶工作室从事手拉壶的设计和制作。工作室所在地：章氏河记手拉壶工作室（潮州市湘桥区凤新街道西塘村）。代表作品：手拉壶《祥逸》《将军》《绞泥方与圆》等，以手拉坯成型为主。《飘逸套壶》获 2013 年第十五届中国工艺美术大师精品博览会金奖，《凤城壶》获 2014 年第十六届中国工艺美术大师精品博览会金奖，《鱼乐套壶》获 2016 年广东（潮州）工艺美术精品展金奖。

　　邱桂彪，男，1989 年 1 月出生于潮州市枫溪区长美村，高级工艺美术师，潮州市工艺美术大师，潮州市工艺美术协会会员。师承高级工艺美术师邱桂林。2005 年进入邱氏陶坊学习手拉壶制作，从事手拉朱泥壶的设计与创作。工作室所在地：邱氏陶坊（潮州市枫溪区长美潮流集团楼下）。代表作品：《福禄长寿》《乱世佳人》《滴水之恩》等，工艺为手拉坯、手工制作。2014 年 4 月参加广东省首届手拉壶技艺大赛获二等奖，《清风提梁壶》获 2017 年广东工艺美术精品展金奖，《福星提梁壶》获 2018 年文博会中国工艺美术文化创意奖金奖。

　　吴泽阳，男，1968 年 9 月出生于潮州市枫溪区，高级工艺美术师，潮州市工艺美术大师，潮州市工艺美术协会会员。1986 年至今从事手拉壶设计制作，现任潮州市雅陶坊壶艺研究中心主任。工作室所在地：潮州市雅陶坊壶艺研究中心（潮州市湘桥区恒大影城风情街 122 号）。代表作品：手拉壶《居安思危》《欢聚一堂》《思逸》等，守正创新，独具一格。《一帆风顺》获 2015 年首届广东传统工艺文化博览交易会金奖，《翘然》

获 2016 年第六届广东省陶瓷艺术精品展金奖，《乘风扬帆》获 2017 年第五十二届全国工艺品交易会"广轻工美杯"广东省工艺美术精品奖金奖。现带有徒有吴婷、黄泽钦、郑锴。

吴建辉，男，1974 年 10 月出生于潮州市枫溪区，高级工艺美术师，潮州市工艺美术大师，潮州市工艺美术协会会员。1993 年至今从事手拉壶的设计与制作。工作室所在地：吴建辉手拉壶工作室（潮州市湘桥区西塘村）。代表作品：手拉壶《圆梦》《丹凤朝阳》《奖杯》等，以手拉坯成型为主。《丹凤朝阳》获 2016 年文博会中国工艺美术文化创意奖金奖，《圆梦》获 2017 年第十三届文博会中国工艺美术文化创意奖金奖，《奖杯》获 2018 年首届粤港澳大湾区工艺美术博览会"国匠杯"金奖。

吴维贤，男，1984 年 3 月出生于潮州市枫溪区，高级工艺美术师，潮州市工艺美术协会会员。师承祖父吴瑞深，2000 年从事陶瓷雕塑设计和传统手拉壶茶具创作，后与爱人吴晗依共同创立易创壶艺坊，从事茶具手拉壶创作至今。工作室所在地：易创壶艺（潮州市枫溪区枫一鳗场路 16 号）。代表作品：手拉壶《纪念版十二生肖》《瑞祥》《祥龙》等，以手拉坯成型为主。《般若》获 2015 年中国（上海）工艺美术展金奖，《瑞祥》获 2015 年文博会中国工艺美术文化创意奖金奖，《贤德》获 2017 年文博会中国工艺美术文化创意奖金奖。现带徒有柯泽枫、张琪琪、佘瑞涛等。

吴友添，男，1967 年 10 月出生于潮州市枫溪区，高级工艺美术师，潮州市工艺美术协会会员。1990 年 7 月毕业于广东省陶瓷学校（现广东省陶瓷职业技术学校），从事手拉壶的设计与制作至今。工作室所在地：添友陶坊（潮州市枫溪区枫二村）。代表作品：手拉壶《和》《落霞》《鸣》等，以手拉坯成型为主。

余勋荣，男，1980 年 11 月出生于潮州市枫溪，工艺美术师，潮州工艺美术大师，潮州市工艺美术协会会员。师承中国工艺美术大师孟树锋，2010 年至今从事手拉壶的设计与制作。工作室所在地：余勋荣壶艺工作室（潮州市湘桥区上东平路 4 号综合楼 C 栋 201）。代表作品：手拉壶《玉兰》《莲洁》《提壶贯顶》等，以手拉坯成型、肌理为主。《提壶贯顶》获 2020 年广东省工艺美术精品展金奖，《月是故乡圆》获 2020 年粤港澳大湾区工艺美术博览会广东省工艺美术精品展"岭南工匠杯"金奖，《匠心向党》获 2021 年广东省工艺美术精品展金奖等。现带徒有陈钿、周加迟。

徐启良，男，1982 年 1 月出生于福建省泉州市德化县，工艺美术师，潮州工艺美术大师，潮州市工艺美术协会会员。2000 年从泉州市德化陶瓷职业技术学院陶瓷工艺与设计专业毕业后从事雕塑工作，2010 年开始学习壶艺，从事手拉壶的设计与制作至今，2016 年在谢华陶艺中心学习制壶技艺，2019 年完成中国非遗传承人手拉朱泥壶制作技艺研修班课程。工作室所在地：徐启良手拉壶工作室（潮州市枫溪区银槐路六横）。作品主要工艺特色：以手拉坯成型为主加以雕塑元素等技艺。代表作品：手拉壶《知足》《古城印象》《福禄》。《福禄》获第十一届文博会工艺美术"飞花奖"金奖，《知足》获 2020 年粤港澳大湾区工艺美术博览会广东省工艺美术精品展"岭南工匠杯"金奖。现带徒有周浩、郑若荣。

卢金祥，男，1979 年 4 月出生于潮州市枫溪区，工艺美术师，潮州市工艺美术大师，潮州市工艺美术协会会员。师承中国工艺美术大师谢华，1995 年跟随卢桂荣大师学习陶瓷雕塑，2007 年于谢华陶艺中心学习壶艺，从事手拉壶的设计与制作至今。工作室所在地：卢金祥手拉壶工作室（潮州枫溪）。代表作品：手拉壶《集福》《来宝》《开运》等，以手拉坯成型为主，结合浮雕、造型等。《娇欲语》获 2019 年首届广东省工艺美术行业职工职业紫砂、朱泥壶创作技能大赛银奖，《平安·吉祥》获 2020 年广东

（潮州）工艺美术精品展金奖，《佳偶良缘》对壶获 2021 年广东省工艺美术精品展金奖。

廖奥，男，1982 年 4 月出生于四川省成都市，高级工艺美术师，四川省工艺美术大师，潮州市工艺美术协会会员。师承中国工艺美术大师谢华，2002 年跟随谢华学习手拉壶制作技艺至今。工作室所在地：明德园（潮州市湘桥区太元路 2 号）。代表作品：手拉壶《无相》《拈花》《菩提》，吸取各地各派制壶技艺所长，严谨，师古不泥，开创出全新的风格。《虫蚀色相》获得 2018 年第四届中国工艺"致新奖"唯一金奖，《无相》获 2018 年"百花杯"中国工艺美术精品奖金奖，《绝影》获 2019 年第五十五届"金凤凰"创新产品设计大奖赛金奖。现带徒有李婷婷、吴一铭、彭艳菱。

江流松，男，1972 年 9 月出生于潮州市饶平县汤溪镇，高级工艺美术师，潮州市工艺美术协会会员。毕业于广东省陶瓷学校（现广东省陶瓷职业技术学校），1994 年 8 月从事陶瓷设计制作至今。工作室所在地：江流松手拉壶工作室（潮州市湘桥区西园路科技园 101 房）。作品工艺以光货为主，代表作品：手拉壶《富贵》《祥马》《金鸡》等，以手拉坯成型为主。《祥马》获 2013 年第十五届中国工艺美术大师精品博览会金奖，《富贵》获 2015 年第十七届中国工艺美术大师精品博览会金奖，《金鸡》获 2016 年广东（潮州）工艺美术精品展金奖。

吴俊雄，男，1970 年 10 月出生于潮州市枫溪区，高级工艺美术师，潮州市工艺美术大师，潮州市工艺美术协会会员。1987 年开始参加陶瓷设计工作，2007 年创办天晶窑陶瓷艺术工作室，从事陶瓷茶具的器型设计及艺术釉创作。工作室所在地：天晶窑陶瓷艺术工作室（潮州市湘桥区凤新街道田中村）。代表作品：炫彩天目釉《迎客来》，炫彩天目釉茶具系列等。《迎客来》采用炫彩天目釉进行艺术创作，采用独有的矿物颜料和艺术釉的独特烧制技艺，使烧制后艺术釉不粘足，作品呈现釉色温润晶莹的特点，华美高雅，如星空中绽放的烟花，韵味无穷。《炫彩天目釉茶具系列》获2011年第十三届中国工艺美术大师精品博览会金奖。

　　张奕培，男，1981年2月出生于潮州市枫溪区，工艺美术师，潮州市工艺美术大师，潮州市工艺美术协会会员。师承中国工艺美术大师谢华，2012年至今一直从事手拉壶的设计与制作。工作室所在地：潮州市湘桥区泰安路裕穗瓷厂。代表作品：《皓月星桥》《乘势而上》《静待花开》等，工艺特点为雄壮稳静。曾获2017年广东（潮州）手拉壶技能大赛三等奖，2018年首届广东省工艺美术行业职工职业紫砂、朱泥壶创作技能大赛三等奖，2020年广东（潮州）"潮艺杯"手拉壶技能大赛二等奖。

　　卢文祥，男，1972年2月出生于潮州市潮安区金石镇湖美村，高级工艺美术师，潮州市工艺美术大师，潮州市工艺美术协会会员。1988年至今一直从事陶瓷艺术工作，早年曾经驰骋于潮彩工艺的天地，而手拉壶是另一个人生追求，长年与陶瓷工艺打交道的同时在不断学习和尝试，走出一条属于自己的壶艺之路。工作室所在地：卢壶工作室（潮州市湘桥区凤新街道泰安路）。代表作品：手拉壶粉彩浮雕金《花开富贵》《二师兄祝福》、五德司晨套壶。《花开富贵》获2017年广东省工艺美术精品大展金奖，《二师兄祝福》获2019年第十五届文博会中国工艺美术文化创意奖金奖，《浮雕金顺贵妃壶》获2020年广东（潮州）工艺美术精品展金奖。现带徒有陈舜洁、李雄、卢振煌三人。

　　林潮明，男，1971年3月出生于潮州市枫溪区全福林村，工艺美术师，潮州市工艺美术协会会员。1990年学习做手捏壶，2005年开始学习做手拉壶。代表作品：《古松铜寿壶》《湘桥春涨壶》《福寿壶》《供春壶》，主要以手拉壶、手捏壶、嵌铜壶，铜与泥的艺术结合为主。《嵌铜松竹梅》

获 2016 年广东省工艺美术精品展金奖，《福寿壶》获 2019 年第十五届文博会中国工艺美术文化创意奖金奖。

张泽锋，男，1995 年 10 月出生于潮州市枫溪区，工艺美术师，潮州市工艺美术大师，广东省五一劳动奖章获得者，潮州市工艺美术协会会员。师承父亲张瑞端，现任潮州市裕德堂壶艺研究所副所长，2014 年至今在潮州市裕德堂壶艺研究所从事手拉壶的设计与制作。代表作品：手拉壶《海黄之韵系列》《欢歌起舞对壶》《半个月亮》等，以手拉坯成型为主。《半个月亮》获 2017 年第十三届文博会中国工艺美术文化创意奖金奖，《海黄之韵系列》获 2019 年第十五届文博会中国工艺美术文化创意奖金奖，《禅茗对壶》获 2019 年粤港澳大湾区工艺美术博览会"国匠杯"金奖。

吴照荣，男，1980 年 11 月出生于潮州市枫溪区枫二村，工艺美术师，潮州市工艺美术大师，潮州市工艺美术协会会员。1997 年至今从事手拉壶的设计与制作。工作室所在地：吴照荣手拉壶工作室（潮州市枫溪区枫二村党委会）。代表作品：手拉壶《春来早》《松风》《叠音》《丰收》等。《春来早》获 2016 年广东（潮州）工艺美术精品展金奖，《松风》获第五十二届全国工艺品交易会"广轻工美杯"广东省工艺美术精品奖金奖，《丰收》获 2020 年首届广东省现代家居工艺美术文化创新设计大赛艺术奖金奖。

吴晗煜，男，1984 年 7 月出生于潮州市枫溪区，工艺美术师，潮州市工艺美术大师，区级非物质文化遗产传承人，潮州市工艺美术协会会员。师承祖父吴瑞深，现为源兴炳记传承中心负责人。1998 年在祖父吴瑞深的指导下学习壶艺，至今从事手拉壶的设计制作。工作室所在地：晗煜陶艺厂（潮州市枫溪区）。代表作品：手拉壶《日月同辉》《虚扁》《绽放》等，特点为薄、精、细。《绽放》于 2016 年入选中国当代工艺美术双年展并被中国工艺美术馆收藏，《虚扁》获第十七届中国工艺美术大师精品博览会银奖，《望月》获 2016 年广东（潮州）工艺美术精品展金奖。

吴伟鹏，男，1968 年 11 月出生于潮州市枫溪区，工艺美术师，潮州市工艺美术协会会员。1990 年跟随父亲学习手拉坯，随外祖父学习陶瓷彩绘，从名师学雕塑，从艺三十多年。工作室所在地：桐雅阁（潮州市枫溪区宫前市场向北街瓷七厂）。代表作品：袖珍壶《结义套壶》《吉祥三宝》《超越梦想》等。袖珍壶《结义套壶》获 2014 年文博会中国工艺美术文化创意奖金奖，袖珍壶《吉祥三宝》获 2014 年第五届广州紫砂·陶瓷艺术文化节金奖，袖珍套壶《超越梦想》获第三届广东（潮州）工艺美术精品展金奖。

佘锭鑫，男，1971 年出生于潮州市枫溪区，工艺美术师，潮州市工艺美术协会会员。枫溪"泰顺号"后人，1980 年在潮州瓷二厂工作，1991 年创办新泰顺陶艺馆，制作手拉紫砂朱泥壶至今。工作室所在地：佘锭鑫壶艺工作室（潮州市枫溪区枫一银槐路）。代表作品：手拉绞泥壶《一带一路》，以绞泥和嵌泥两种工艺的完美结合绞拉成壶、镶嵌成画。

吴天淋，男，1991 年 10 月出生于潮州市枫溪区，工艺美术师，潮州市工艺美术大师，潮州市工艺美术协会会员。2012 年在谢华陶艺中心学习壶艺，一直从事手拉壶的设计与制作。工作室所在地：六玄壶艺（潮州市枫溪区）。代表作品：手拉壶《渔翁》《风和》《一帆风顺》等，以手拉坯成型为主。《一帆风顺》获 2014 年广东省传统工艺美术精品展金奖，《渔翁》获 2016 年广东（潮州）工艺美术精品展金奖。

章锦松，男，1972 年 7 月出生于潮州市湘桥区西塘村，工艺美术师，潮州市工艺美术大师，潮州市工艺美术协会会员。师承祖辈，2008 年开创章锦松手拉壶艺工作室，从事手拉壶设计制作至今。工作室所在地：章锦松手拉壶艺工作室（潮州市湘桥区西塘村）。代表作品：手拉壶《美人》《顺竹节壶》《圆竹》等。《时来运转》获 2013 年中国（上海）工艺美术展创新艺术金奖，《顺竹节壶》获 2013 年广东省传统工艺美术精品展金奖，《美人壶》获 2014 年文博会中国工艺美术文化创意奖金奖。

章淦城，男，1986 年 3 月出生于潮州市湘桥区西塘村，助理工艺美术师，潮州市工艺美术协会会员。师承父亲章秋波；2002 年开始学习壶艺，从事手拉壶制作和设计至今。工作室所在地：章淦城手拉壶工作室（潮州市湘桥区西塘村机耕路 11 巷 1 号）。代表作品：手拉壶《西施》《竹节》《飘带提梁》等，以手拉坯成型为主。《梦飞》获 2014 年广东（潮州）工艺美术精品展银奖，手拉壶《垂钓》获 2014 年第二届中国（四川）国际家居饰品暨红木艺术展览会广东（潮州）工艺美术精品展金奖。

佘洵皑，男，1981 年 2 月出生于潮州市枫溪区，工艺美术师，潮州市工艺美术协会会员。2010 年至今从事手拉壶的设计与制作。工作室所在地：佘洵皑手拉壶工作室（潮州市枫溪区枫一村）。代表作品：手拉壶《莲韵》《时尚》《好运连连》等，以手拉坯成型为主。《时尚》获 2014 年第二届中国（四川）国际家居饰品暨红木艺术展览会广东（潮州）工艺美术精品展金奖，《好运连连》获 2014 年第五届广州紫砂·陶瓷艺术文化节金奖。

佘小亮，男，1972 年 3 月出生潮州市枫溪区，工艺美术师，潮州市工艺美术协会会员。师承中国工艺美术大师谢华，2007 年在谢华陶艺中心学习手拉壶制作，从事手拉壶的设计与制作至今。工作室所在地：佘小亮壶艺（潮州市枫溪区枫一村水电路一横 4 号）。代表作品：手拉壶《如意》《华缘》《龙凤》，以潮州传统工艺手拉坯成型为主。《如意》获 2019 年第十五届文博会工艺美术"飞花奖"金奖，《华缘》获 2016 年广东（潮州）工艺美术精品展金奖。现带徒有陈舜琴、佘逸枫。

姚先武，男，1967 年 11 月出生于潮州市枫溪区，潮州市工艺美术协会会员。工作室所在地：姚先武手拉壶工作室（潮州市枫溪姚厝路中段）。20 世纪 80 年代初开始学习家传潮州手拉壶工艺，从艺术实践中不断引入各种造型理念，与自然灵气、美术欣赏融汇。代表作品：手拉壶《水火既济》《竹鼓》《闭月》《贵妃》《掇球》等，以手拉坯成型为主。在 2014 年第二届中国（四川）国际家居饰品暨红木艺术展览会广东（潮州）工艺美术精品展上，《闭月》获金奖，《竹鼓》获银奖，《贵妃》获铜奖。

吴树荣，男，1982 年 6 月出生于潮州市枫溪区，工艺美术师，潮州市工艺美术大师，潮州市工艺美术协会会员。2003 年从广东省陶瓷学校（现广东省陶瓷职业技术学校）毕业后潜心钻研陶瓷彩绘与陶刻，重传统，求创新。工作室所在地：吴树荣陶刻（潮州市枫溪区枫二村长德路中段）。代表作品：手拉壶《禅心》《相思月》《竹心》《读书听雪》等，以泥胎雕刻为主。《艳冠群芳》获 2016 年广东（潮州）工艺美术精品展金奖，2021年为庆祝建党 100 周年而创作的《东方红》获广东工艺美术精品展金奖。

章志强，男，1974 年 2 月出生于潮州市湘桥区西塘村，助理工艺美术师，潮州市工艺美术协会会员。2014 年 3 月—2017 年 12 月在潮州市吴映钊陶瓷艺术研究院学习手拉壶艺，2018 年成立章志强手拉壶工作室。工作室所在地：章志强手拉壶工作室（潮州市湘桥区凤新街道西塘村）。代表作品：手拉壶《千线西施》《松鼠》等，以手拉坯成型为主，兼浅浮雕。

吴栋锐，男，1985 年 1 月出生于潮州市枫溪区，工艺美术师，潮州市工艺美术协会会员。师承父亲吴作歆，2006 年跟随父亲学习陶艺及手拉壶制作，从事手拉壶的设计与制作至今。工作室所在地：吴栋锐手拉壶工作壶（潮州市枫溪区太合兴七横）。代表作品：手拉壶《梨壶》《静悟》《古钟》等，以手拉坯成型为主。《平湖秋月》获 2016 年广东（潮州）工艺美术精品展精品奖，《竹趣》获 2016 年广东（潮州）工艺美术精品展银奖，《虚怀》获 2017 年第十三届文博会中国工艺美术文化创意奖金奖。

吴木深，男，1969 年 3 月出生于潮州市枫溪区，工艺美术师，潮州市工艺美术协会会员。1985 年就职于广东枫溪陶瓷研究所，2005 年至今从事手拉壶的设计与制作。工作室所在地：潮州市枫溪陶瓷研究所宿舍区内。代表作品：手拉壶《清风竹韵》《如意竹节》《飘逸》等，采用传统手法，圆润，线条流畅，质地光滑。《将军》获 2014 年广东省传统工艺美术精品展金奖，《西施》获 2015 年广东（潮州）工艺美术精品展金奖。

方宏涛，男，1969 年出生揭阳市惠来县，工艺美术师，潮州市工艺美术协会会员。1990 年从广东省陶瓷学校（现广东省陶瓷职业技术学校）毕业后一直致力于陶艺创作。工作室所在地：方宏涛艺术工作室（潮州市湘桥区田中村工业区）。代表作品：手拉壶《禅定》《半月》《半月新竹》等，以手拉坯成型全手工制作工艺为主要特色。《半月》获 2016 年第八届广东省陶瓷艺术创作设计创新作品评比金奖，《禅定》获 2017 年第十届中国陶瓷产品设计大赛铜奖，《半月新竹》获 2018 年第九届广东省陶瓷艺术创作设计创新作品评比金奖。

姚景青，男，1975 年 4 月出生于潮州市枫溪区，工艺美术师，潮州市工艺美术大师，潮州市工艺美术协会会员。传承家族"和合森记"传统技艺，2004 年至今潜心研究手拉壶的艺术设计与制作。工作室所在地：姚景青手拉壶工作室（潮州市湘桥区凤新街道西塘村三车南路三横 5 号）。代表作品：《报春竹壶》《福竹壶》《荣誉壶》等，以手拉坯成型为主。《福竹壶》获 2015 年中国工艺美术大师精品博览会金奖，《报春竹壶》获 2016 年中国（北京）国际精品陶瓷博览会"大地奖"金奖，《荣誉壶》获 2017 年文博会中国工艺美术文化创意奖金奖。

钟贵河，男，1990 年 7 月出生于潮州市饶平县钱东镇，工艺美术师，潮州市工艺美术大师，潮州市工艺美术协会会员。毕业于广东省陶瓷职业技术学校陶瓷雕塑专业，从事陶瓷雕塑创作设计多年，2015 年在中国工艺美术大师谢华手拉壶学习基地学习手拉壶技艺。代表作品:《秋禅》《汉钟守月》《凤韵》，主要为手拉坯及雕塑陶艺等，将陶瓷雕塑与传统手拉壶工艺相结合，造型独特。《汉钟守月》获 2015 年广东传统工艺美术精品大展金奖，《凤韵》获 2016 年广东（潮州）工艺美术精品展银奖，《秋禅》获2019 年首届广东省工艺美术行业职工职业紫砂、朱泥壶创作技能大赛二等奖。现带徒有陈明权、唐桂良、郑森等。

章柱强，男，1973 年 1 月出生于潮州市枫溪区徐厝桥，工艺美术师，潮州市工艺美术师，潮州市工艺美术协会会员。1998 年至今从事手拉壶的设计与制作，2005 年创办章柱强手拉壶工作室。代表作品：手拉壶《乐水》《乾元》《瓜香》等，以手拉坯成型为主。《乾元》获 2015 年第七届广东省陶瓷艺术创作设计创新大赛金奖，《乐水》获 2015 年第六届广州紫砂·陶瓷艺术文化节"天工杯"紫砂陶瓷作品评比金奖，《瓜香》获 2016 年广东（潮州）工艺美术精品展金奖。

苏良平，男，1970 年 5 月出生于潮州市凤塘镇鹤陇东和村，潮州市工艺美术协会会员。1988 年开始学艺，后跟随曾俊茂老师学习各种手拉坯技艺，从事手拉壶的设计与制作至今。工作室所在地：苏良平手拉坯陶坊（潮州市枫溪前进村桔园一横一七号）。代表作品有茶盘、茶具，以手拉坯成型为主。手拉壶《万彩虹光提梁壶》获 2015 年第五届中国（北京）国际精品陶瓷博览会"大地奖"银奖。

章树强，男，1994 年 8 月出生于潮州市湘桥区西塘村，工艺美术师，潮州市工艺美术大师，潮州市工艺美术协会会员。2011 年开始学习手拉壶制作，2013 年创办章树强手拉壶工作室，从事手拉壶的设计与制作至今。

工作室所在地：章树强手拉壶工作室（潮州市湘桥区西塘村）。代表作品：手拉壶《龙翔》《逸竹提梁》《汉帝》等，以手拉坯成型为主。《龙翔》获2015年第六届广州紫砂·陶瓷艺术文化节"天工杯"紫砂陶瓷作品评比金奖，《汉帝》获2015年广东传统工艺美术精品展银奖，《逸竹提梁》获2016年第六届中国（北京）国际精品陶瓷博览会"大地奖"陶瓷作品展金奖。

佘春波，男，1974年3月出生于潮州市枫溪区，工艺美术师，潮州市工艺美术大师，潮州市工艺美术协会会员。师承祖父佘森权，出身钦合陶艺世家，从事潮州手拉壶艺的设计、创作三十多年。工作室所在地：佘春波手拉壶工作室（潮州市枫溪区枫一四房路54—56号）。代表作品：手拉壶《水滴石穿》《寿山》《晨曦》等，以手拉坯成型为主。《水滴石穿》获2015年第十七届中国工艺美术大师精品博览会金奖，《寿山》获2016年广东（潮州）工艺美术精品展金奖，《晨曦》获2017年广东省工艺美术精品展银奖。

佘坤丰，男，1974年10月出生于潮州市枫溪区佘厝茉莉丛脚，潮州市工艺美术协会会员。1993年就跟随祖父学习手拉坯，2008年创建钦合堂手拉壶工作室。工作室所在地：钦合堂手拉壶工作室（潮州市枫溪区是厝四房路76号）。代表作品：手拉壶《水滴》《亲情》《官帽》等，以手拉坯成型为主。

宋锐，男，1979年4月出生潮州市湘桥区，工艺美术师，潮州市工艺美术大师，潮州市工艺美术协会会员。从小跟从父亲学习陶艺设计、制作至今，2008年在谢华壶艺研究中心学习壶艺。工作室所在地：老宋手拉壶（潮州市湘桥区卫星二路）。代表作品：手拉壶《咏梅》《腾飞》《藏龙宫春》《松柏长青》。《岁寒三友》获2019年第十二届广东省陶瓷艺术创作设

计创新作品评比暨第十一届广东省陶瓷艺术精品展金奖，《广济桥》2019
年被潮州市博物馆永久收藏，《汲泉》获 2020 年广东（潮州）工艺美术精
品展金奖。

章淑煌，男，1988 年 5 月出生于潮州市湘桥区西塘村，工艺美术师，
潮州市工艺美术协会会员。2002 年至今从事手拉壶的设计与制作。工作室
所在地：潮州市湘桥区凤新街道西塘村。代表作品：手拉壶《登峰》《禅
悟》等，以手拉坯成型为主。《登峰》获 2016 年广东省工艺美术精品展金
奖，《禅悟》获 2016 年广东（潮州）工艺美术精品展金奖，《纳福》《圆梦
提梁壶》被潮州市中国瓷都陈列馆收藏。

陈森鹏，男，1981 年 8 月出生于潮州市枫溪区池湖，工艺美术师，潮
州市工艺美术大师，潮州市工艺美术协会会员。2000 年创建游人窑工作
室，担当陶艺设计至今。工作室地址：游人窑工作室（潮州市枫溪区池湖
福新二街 19 座 20 号）。代表作品：手拉壶《崖雪》对壶、手拉壶《庆》
锤纹对壶、手拉陶艺《崖雪茶具组》等，主要以手拉坯成型。手拉壶《崖
雪》对壶获 2017 年第十三届文博会中国工艺美术文化创意奖金奖，手拉
壶《庆》锤纹对壶获 2019 年中国（北京）国际精品陶瓷展览会暨第八届
"大地奖"陶瓷创作创新设计大赛特等奖。

章国河，男，1973 年 11 月出生潮州市湘桥区西塘村，工艺美术师，
潮州市工艺美术协会会员。2002 年四处走访，跟随各大名师学习紫砂技巧，
2006 年创立章国河手拉工作室，作品在传统工艺上大胆创新，吸收名师
之长，形成自己的风格。工作室所在地：章国河手拉壶工作室（潮州市湘
桥区凤新街道西塘村）。代表作品：手拉壶《千线竹趣》、钟形手拉壶等，
以手拉坯成型为主。《千线壶》获 2016 年中国（北京）国际精品陶瓷博览
会"大地奖"铜奖，《祥云提梁壶》获 2016 年中国（北京）国际精品陶瓷
博览会"大地奖"银奖。

郑家和，男，1968 年 5 月出生于潮州市枫溪区，工艺美术师，潮州市工艺美术协会会员。2010 年至今精心制作、独特雕刻，创作出自己独特的工艺美术作品。工作室所在地：郑家和手拉壶工作室（潮州市枫溪区）。在 2015 年广东省传统工艺美术精品大展中，《稳》获金奖，《凤井》《龙凤呈祥》获铜奖。

曾奕梁，男，1977 年 9 月出生于潮州市潮安区彩塘镇，工艺美术师，潮州市工艺美术大师，潮州市工艺美术协会会员。1998 年毕业于广东省陶瓷学校（现广东省陶瓷职业技术学校），擅长手拉壶、雕塑。同年创办陶艺工作室，从事陶艺创造至今。工作室所在地：曾奕梁陶瓷艺术工作室（潮州市湘桥区城西街道福春街 36 号）。代表作品：手拉壶《惜子》《镇水鉎牛》《筑梦》等，以手拉坯成型为主，兼手拍、浅浮雕等技艺。《矮式梨壶》获 2019 年文博会中国工艺美术文化创意奖银奖，《惜子》获 2020 年广东（潮州）工艺美术精品展铜奖、潮州工艺美术十大精品，《莲连有鱼》获 2020 年潮州市工艺美术精品展金奖。

章林浩，男，1990 年 5 月出生于潮州市湘桥区西塘村，工艺美术师，潮州市工艺美术大师，潮州市工艺美术协会会员。师承章俊义、章藩河，2006 年在章氏义记工作室学习壶艺，至今从事手拉壶的设计与制作。工作室所在地：章氏义记（潮州市湘桥区西塘村）。代表作品：手拉壶《祥纹大富贵》《千环福星》《古韵》系列等，以手拉坯成型为主。《神曲》获 2015 年全国手工艺产业博览会暨非物质文化遗产传统技艺展"国匠杯"银奖，《祥纹如意》获 2018 年广东省工艺美术精品展银奖，《菩提乾坤》获 2019 年广东省工艺美术精品展银奖。

蔡有钦，男，1986 年 11 月出生于潮州市湘桥区大园村，工艺美术师，潮州市工艺美术大师，潮州市工艺美术协会会员。毕业于五邑大学，师从章贵湘，2002 年跟随章贵湘老师学习壶艺，从事手拉壶的设计与制作至今。

工作室所在地：蔡有钦手拉壶工作室（潮州市湘桥区凤新街道大园村）。代表作品：手拉壶《农夫》《聚宝》《惊鸿》等，以手拉坯成型为主。《农夫》获 2016 年广东（潮州）工艺美术精品展金奖，《聚宝》获第十四届文博会中国工艺美术文化创意奖银奖，《惊鸿》获 2020 年广东（潮州）工艺美术精品展金奖。

陈贤潮，男，1964 年 1 月出生于潮州市潮安区凤塘镇吉林村，工艺美术师，潮州市工艺美术大师，潮州市工艺美术协会会员。2000 年至今从事手拉壶雕刻、制作。工作室所在地：铭艺陶坊（潮安区凤塘镇吉林村）。代表作品：手拉壶《龙蛋》《思亭》《西施》等，以手拉坯成型为主。《福寿双全》获 2013 年广东省紫砂朱泥壶大展金奖，《心经壶》获 2014 年第二届中国（四川）国际家居饰品暨红木艺术展览会广东（潮州）工艺美术精品展金奖，《禅茶》获 2016 年广东（潮州）工艺美术精品展银奖。

章芝辉，男，1981 年 9 月出生于潮州市湘桥区西塘村，工艺美术师，潮州市工艺美术大师，潮州市工艺美术协会会员。1997 年至今一直从事手拉壶的设计与制作。工作室所在地：章芝辉手拉壶工作室（潮州市湘桥区凤新街道西塘村）。代表作品：手拉壶《竹韵》《绞泥金钟壶》《飞鸿》等，以手拉坯成型为主。《竹韵》获 2016 年广东（潮州）工艺美术精品展金奖，《轮回》获 2020 年潮州市工艺美术精品展金奖。

黄海波，男，1976 年 9 月出生于潮州市潮安区古巷镇，工艺美术师，潮州市工艺美术协会会员。1993 年至今从事手拉壶的设计与制作。工作室所在地：黄海波手拉壶工作室（潮州市潮安区古巷镇孚中村）。代表作品：手拉壶《梦竹》《望月》《友谊》等。《梦竹》获 2017 年广东省工艺美术大展银奖，《望月》2019 年被广东省工艺美术协会收藏，《友谊》获 2020 年广东（潮州）工艺美术精品展金奖。

章森光，男，1988 年 8 月出生于潮州市湘桥区西塘村，工艺美术师，潮州市工艺美术大师，潮州市工艺美术协会会员。师承父亲章伟彬，2010 年创立章森光手拉壶工作室，从事手拉壶的设计与制作至今。工作室所在地：章森光手拉壶工作室（潮州市湘桥区凤新街道西塘）。代表作品：手拉壶《祯祥》《儒怀》《温雅》等，以手拉坯成型为主。《温雅》获 2016 年第六届广东省陶瓷艺术精品展银奖，《儒怀》获 2017 年广东省工艺美术精品展金奖，《堤壁》获 2020 年潮州市工艺美术精品展金奖。

黄良胜，男，1972 年 5 月出生于潮州市枫溪区，工艺美术师，潮州市工艺美术协会会员。师承高级工艺美术师佘楚和，1988—2005 年在枫溪作坊从事彩瓷作业工作，2006 年在华德轩学习壶艺，从事手拉壶（绞泥壶）的创作与制作至今。工作室所在地：潮州市枫溪区柯厝章厝内 14 号（靠绿榕西路旁）。代表作品：手拉壶《福石》《顶天点地》等，以手拉坯成型为主。《顶天点地》获 2016 年广东（潮州）工艺美术精品展金奖，《福石》获 2017 年文博会中国工艺美术文化创意奖银奖。

刘育坤，男，1972 年 11 月出生于潮州市枫溪区，工艺美术师，潮州市工艺美术协会会员。2007 年成立刘氏朱泥工作室，从事手拉壶的设计与制作至今。工作室所在地：刘氏朱泥工作室（潮州市枫溪区怀德柑园顶）。代表作品：手拉壶《扁壶》《介中介》《井栏》等。《井栏》获 2017 年第三届文博会中国工艺美术文化创意奖银奖，《夏莲芬芳》获 2017 年第七届中国（厦门）陶瓷文化艺术创意设计精品展览会"大地奖"陶瓷作品大赛银奖。

吴楚洪，男，1975 年出生于潮州市枫溪区，工艺美术师，潮州市工艺美术协会会员。1996 年至今在潮州市吴舍茶坊工作室学习陶瓷技艺，创作手拉壶作品，积极参与工作室系列茶壶项目的生产。工作室所在地：吴楚洪手拉壶工作室（潮州市枫溪区怀德长堀乾一横 8 号）。代表作品：手拉壶《步步高》《春蕾》《佛果》等，具有线条优美、构思细腻、典雅大方等特点。

黄瑞龙，男，1964 年 6 月出生于潮州市潮安区古巷镇孚中寨前，工艺美术师，潮州市工艺美术协会会员。1997—2007 年从事陶瓷制作，2007 年至今从事手拉壶设计和制作。工作室所在地：龙艺工作室（潮州市潮安区古巷镇孚中寨前）。代表作品：手拉绞泥壶《阴阳八卦》《江山如此多娇》等，以手拉坯成型为主，兼手拍、手拈、浅浮雕等技艺。

张银超，男，1988 年 9 月出生于江西省上饶市铅山县，工艺美术师，潮州市工艺美术协会会员。2013 年至今任潮州市湘桥区陶瓷传统特色工艺研究中心设计师。工作室所在地：潮州市湘桥区连云工业区红陶厂。代表作品：手拉朱泥壶《水平》《福满》及柴烧壶《韶华》等，以手拉坯成型为主，兼朱泥、柴烧等技艺。

陈继湘，男，1978 年 11 月出生于潮州市湘桥区官塘镇，工艺美术师，潮州市工艺美术大师，潮州市工艺美术协会会员。2013 年师承章贵湘，2015 年创办继湘手拉壶工作室，从事手拉壶的设计与制作至今。工作室所在地：湘手拉壶工作室（潮州市下东平路 382 号）。代表作品：手拉壶《石瓢》《水平》《西施》《子冶》等，以手拉坯成型为主。《虞美人》获 2017 年文博会中国工艺美术文化创意奖银奖。

章柱祥，男，1967 年 3 月出生于潮州市湘桥区西塘村，工艺美术师，潮州市工艺美术大师，潮州市工艺美术协会会员。2000 年开始致力于设计与制作手拉壶。工作室所在地：潮州市湘桥区凤新西塘村学校路。代表作品：手拉壶《祈福》《祥云瑞气》《凤来仪》等，以手拉坯成型为主。《祈福》被广东省工艺美术珍品馆收藏，《祥云瑞气》获 2021 年文博会第十四届中国工艺美术文化创意奖金奖。

章友勤，男，1984年11月出生于潮州市湘桥区西塘村，潮州市工艺美术协会会员。2000—2012年学习陶瓷雕塑，2012年至今从事手拉壶的设计与制作，2017年创办手拉壶设计制作工作室。工作室所在地：章友勤制壶（潮州市湘桥区凤新街道西塘村）。代表作品：手拉朱泥壶《跃进》，手拉绞泥削角壶《吉庆》，绞泥填补壶《梦的河流》等，成型工艺为手拉坯为主，兼削角、削纹、填补等工艺。《吉庆》获第十二届广东省陶瓷艺术精品展金奖，《梦的河流》获2020年粤港澳大湾区工艺美术博览会广东省工艺美术精品展"岭南工匠杯"金奖，《舞动》获2020年潮州市工艺美术精品展金奖。

陆溢彬，男，1981年10月出生于潮州市枫溪区，工艺美术大师，潮州市工艺美术协会会员。2001年跟随舅舅章燕明大师学习手拉壶传统制作技艺，后在表哥章海元大师的悉心指导和帮助下完成了手拉壶各项技法的创作。2013年创立豇道壶艺工作室。工作室所在地：豇道壶艺工作室（潮州市湘桥区凤新街道西塘村"燕明壶艺研究所"附近）。代表作品：手拉壶《柚皮贵妃》《江南春》《捻指壶》等，以手拉坯成型为主。《柚皮贵妃》获2014年上海工艺美术大师精品博览会金奖，《江南春》荣获2014第二届中国（四川）国际家居饰品暨红木艺术展览会广东（潮州）工艺美术精品展金奖，《捻指壶》获2016年广东（潮州）工艺美术精品展金奖。

陈永强，男，1991年6月出生于潮州市枫溪区，潮州市工艺美术协会会员。2017年在瀛洲楼手拍班学习结业后从事手拉壶的设计与制作至今。工作室所在地：陈永强陶瓷艺术工作室（潮州市枫溪区卜蜂莲花对面彩虹东路陶创灵店）。代表作品：提梁手拉壶《滴水之恩》《团圆》等，以手拉坯成型为主。

林铠，男，1994年2月出生于潮州市湘桥区下西平，工艺美术师，潮州市工艺美术协会会员。毕业于广东省陶瓷职业技术学校，2013年在裕德堂学习壶艺，从事手拉壶的设计与制作至今。工作室所在地：林铠手拉壶工作室（潮州市湘桥区义安路）。代表作品：手拉壶《笠翁》《千线西施》《禅意》等，以手拉坯成型为主。《禅意》获 2018 年第三届金榕奖金奖，《笠翁》被潮州市博物馆收藏。

佘海标，男，1990 年 5 月出生于潮州市枫溪区，工艺美术师，潮州市工艺美术协会会员。师承吴德盛（十虚斋），2005 年学习、专研手拉壶工艺，后在吴德盛工作室深造，2017 年创办佘海标手拉壶工作室，从事手拉壶的设计与制作至今。工作室所在地：佘海标手拉壶（潮州市湘桥区凤新街道大园村）。代表作品：手拉壶《雨燕》《飞燕》《锦瑟年华》《凤鸣》等，以手拉坯成型为主。《凤鸣》获 2017 年广东省工艺美术精品展银奖，《飞燕》获 2018 年首届粤港澳大湾区工艺美术博览会广东省工艺美术精品展"岭南工匠杯"金奖，《锦瑟年华》2018 年被广东省工艺美术珍品馆收藏。

吴翰，男，1984 年 12 月出生于潮州市枫溪区，潮州市工艺美术协会会员。师承广东省工艺美术大师章振顺，2011 年 8 月至今跟随章振顺学习手拉壶设计与制作。工作室所在地：吴翰手拉壶工作室（潮州市枫溪区外马路）。代表作品：手拉壶《小蛮腰》《六方虚扁》《六方井栏》等，以手拉坯成型为主。《小蛮腰》《六方虚扁》均获 2019 年中国（北京）国际精品陶瓷展览会暨第八届"大地奖"陶瓷创作创新设计大赛银奖。

林海奇，男，1993 年 9 月出生于惠州市惠东县大岭镇，工艺美术师，潮州市工艺美术协会会员。2015 年在中国工艺美术大师谢华陶艺中心学习壶艺，从事手拉壶的设计与制作至今。工作室所在地：拓扑堂壶艺工作室（中山市石岐区）。代表作品：手拉壶《乘风破浪》《中山·逸》《一叶瓢》《玉韵》等，以手拉坯成型为主。《中山·逸》获 2020 年第七届珠三角工艺美术作品邀请展暨"工美金匠奖"创作大赛金奖，《善上三足提梁壶》获 2020 年粤港澳大湾区工艺美术博览会"国匠杯"银奖。

 

章锦权，男，1994 年 12 月出生于潮州市湘桥区，助理工艺美术师，潮州市工艺美术协会会员。毕业于韩山师范学院，师承正高级工艺美术师陈卢鹏，2015 年在韩窑·谢华大师工作室学习壶艺，从事手拉壶的设计与制作至今。工作室所在地：潮州市韩东文化传播有限公司。代表作品：手拉壶《龙舟》《静茗》《望月》等，以手拉坯成型为主。《静茗》获 2017 年广东省工艺美术精品大展银奖，《望月》获 2018 年第三届"金榕奖"金奖。

 

林浩滨，男，1994 年 10 月出生于揭阳市揭东区锡场镇，助理工艺美术师，潮州市工艺美术协会会员。师从正高级工艺美术师陈卢鹏，2017 年从韩山师范学院毕业后至今从事朱泥壶的设计与制作。工作室所在地：陈卢鹏手拉壶工作室（潮州市湘桥区桥东街道卧石路）。代表作品：手拉壶《悟》《玉兔》《西施》等，以传统手拉坯成型为主。《悟》获 2017 年广东省工艺美术精品大展银奖，获 2020 年广东（潮州）首届"潮艺杯"工艺美术技能大赛二等奖。

 

佘松清，男，1980 年 10 月生于潮州市枫溪区，潮州市工艺美术协会会员。师承外祖父陆桂旭，从小受外祖父手拉坯技艺的影响，于 2015 年创办舜雷壶艺作坊。工作室所在地：舜雷壶艺（潮州市枫溪区雁园小区 A–49 号）。代表作品：手拉壶《唐羽》《向阳》《如意》《古乐》等，以手拉坯成型为主。《乘风破浪》获 2020 年首届广东省现代家居工艺美术文化创新设计大赛艺术奖铜奖，《万象》获 2021 年广东省工艺美术精品展银奖。

 

刘金城，男，1985 年 3 月出生于潮州市湘桥区意溪镇中津村，工艺美术师，潮州市工艺美术大师，潮州市工艺美术协会会员。2001 年至今从事手拉壶的设计与制作。工作室所在地：刘金城手拉壶工作坊（潮州市湘桥区意溪镇中津村）。代表作品：手拉壶《福容侧把》《福禄侧把》《神灯》等，以手拉坯成型为主。《神灯》获 2018 年广东省工艺美术展金奖，《思亭壶》获 2020 年潮州市工艺美术精品展金奖，《福禄》获 2021 年广东省工艺美术精品展金奖。

郑颖，男，1979 年 7 月出生于潮州市湘桥区。工艺美术师，潮州市工艺美术大师，潮州市工艺美术协会会员。2009 年成立桐光舍陶艺工作室，从事手拉壶的设计与制作至今。工作室所在地：桐光舍（潮州市湘桥区绿榕路榕华园东 11 号）。代表作品：手拍壶《莲韵壶》、手拉壶《龙湫宝塔》、手拉壶《枯木逢春》等，以手拉坯成型、手拍成型、雕塑为主。《涟漪》获 2018 年首届粤港澳大湾区工艺美术博览会"国匠杯"银奖，《莲韵壶》获 2020 年粤港澳大湾区工艺美术博览会广东省工艺美术精品展"岭南工匠杯"金奖，《莲洁壶》获 2020 年首届广东省现代家居工艺美术文化创新设计大赛金奖。

林于凯，男，1988 年 11 月出生于潮州市潮安区江东镇，工艺美术师，潮州市工艺美术大师，潮州市工艺美术协会会员。2009 年从广东省陶瓷学校（现广东省陶瓷职业技术学校）雕塑专业毕业后一直从事手拉壶、雕塑的设计与制作。工作室所在地：林于凯陶艺工作室（潮州市湘桥区凤新街道塔脚路）。代表作品：手拉壶《清风竹韵》《一品莲》等，以手拉坯与泥塑结合成型为主。《清风竹韵》获 2019 年广东省工艺美术精品展"岭南工匠杯"金奖，《听涛》获 2019 年第十二届广东省陶瓷艺术创作设计创新作品评比暨第十一届广东省陶瓷艺术精品展金奖，泥塑《不染》获 2020 年"潮艺杯"泥塑技能大赛二等奖，朱泥壶《荷》获 2021 年第十三届广东省陶瓷艺术创作设计创新作品评选暨第十二届广东省陶瓷艺术精品展金奖。

谢思逸，男，1987 年 1 月出生于潮州市枫溪区，工艺美术师，潮州市工艺美术大师，潮州市工艺美术协会会员。师承中国工艺美术大师谢华，2010 年至今在潮州市湘桥区陶瓷传统特色工艺研究中心从事手拉壶的设计与制作。工作室所在地：明德园（潮州市湘桥区太元路 2 号）。代表作品：《扁西施壶》《思亭壶》，以手拉坯成型为主。《匏尊》获 2013 年广东省紫砂朱泥壶大展特别金奖，《龙凤呈祥》获 2017 年第十三届文博会中国工艺美术创意奖金奖，《福壶》获 2019 年第十五届文博会中国工艺美术"百花奖"金奖。

谢思博，男，1993 年 10 月出生于潮州市枫溪区，工艺美术师，潮州市工艺美术协会会员。师承父亲谢华，2010 年至今在潮州市湘桥区陶瓷传统特色工艺研究中心从事手拉壶的设计与制作。工作室所在地：明德园（潮州市湘桥区太元路 2 号）。代表作品：《扁西施壶》《思亭壶》，以手拉坯成型为主。《灵猴供春》获 2015 年第十七届中国工艺美术大师精品博览会特别金奖，《雄鸡报晓》获 2017 年第五十二届全国工艺品交易会"广轻工美杯"广东省工艺美术精品奖金奖，《潮韵》获 2018 年首届粤港澳大湾区工艺美术博览会"国匠杯"金奖。

吴晗洋，男，1991 年 3 月出生于潮州市枫溪区，潮州市工艺美术协会会员。师承源兴炳记吴瑞深，2010 年起在吴瑞深的指导下学习壶艺，从事手拉壶的设计与制作至今。工作室所在地：源兴炳记陶艺坊（潮州市枫溪）。代表作品：手拉壶《鸳鸯西施壶》《松竹梅》《望月》等，具有薄、精、细的特点。《鸳鸯西施壶》获 2013 年中国工艺美术大师精品博览会银奖，《松竹梅》获第三届广东省陶瓷艺术精品展金奖，《望月》2019 年被广东省工艺美术行业职工职业技能大赛组委会收藏。

谢梓宏，男，1997 年 7 月出生于潮州市枫溪区池湖村，助理工艺美术师，潮州市工艺美术协会会员。毕业于广东省陶瓷职业技术学院，2011 年在华泰艺术工作室学习手拉壶制作。工作室所在地：华泰艺术（潮州市枫溪区池湖日用批发市场）。代表作品：手拉壶《虚扁》《心灯》《神州龙》等。《神州龙》获 2015 年文博会中国工艺美术文化创意奖金奖，《金瓜提梁》获 2015 年文博会中国工艺美术文化创意奖银奖，《虚扁》获 2016 年文博会中国工艺美术文化创意奖银奖。

苏国荣，男，1989 年 8 月出生于潮州市潮安区凤塘镇，潮州市工艺美术协会会员。师承广东省工艺美术大师章振顺，2011 年在章振顺手拉壶工作室学习壶艺，从事手拉壶的设计与制作至今。工作室所在地：六顺堂工作室（潮州市枫溪区陶瓷城）。代表作品：手拉壶《渔翁》《正气》《宝塔》等，以手拉坯成型为主。《仿古》获 2015 年第十七届中国工艺美术大师精品博览会金奖，《渔翁》获 2019 年中国（北京）国际精品陶瓷展览会暨第八届"大地奖"陶瓷创作创新设计大赛银奖，《宝塔》获 2021 年广东工艺美术展金奖。

刘石彬，男，1979 年 5 月出生于潮州市潮安区登塘镇，工艺美术师，潮州市工艺美术协会会员。2009 年至今从事手拉壶设计制作。工作室所在地：刘石彬手拉壶工作室（潮州市湘桥区田中村）。代表作品：手拉壶《元宝》《绞泥元宝》《绞泥鱼跃龙门》等，以手拉坯成型为主。《元宝》获 2016 年广州工艺美术第五届创新设计大奖金奖；曾参加 2018 年首届广东省工艺美术行业职工职业紫砂、朱泥壶创作技能大赛，获优秀奖。

郭联颖，男，1994 年 11 月出生于揭阳市揭西县棉湖镇，潮州市工艺美术协会会员。师承陈卢鹏，2016 年在韩窑·谢华大师工作室学习壶艺，从事手拉壶的设计与制作至今。工作室所在地：韩东文化传播有限公司（潮州市湘桥区桥东街道）。代表作品：手拉壶《逆舟》《西施》《玉兔》等，以手拉坯成型为主。

佘立波，男，1969年10月出生于潮州市枫溪区，工艺美术师，潮州市工艺美术大师，潮州市工艺美术协会会员。师承广东省工艺美术大师卢桂荣，1990—2009年从事车模雕塑工作，2010年转入手拉壶制作。工作室所在地：立波壶室（潮州市枫溪区徐厝桥）。代表作品：手拉壶《幸福一生》《葫芦》《飞凤》等，以手拉坯成型为主。《步步高升》获2019年广东省工艺美术精品展"岭南工匠杯"金奖，《幸福一生》获2020年广东（潮州）工艺美术精品展铜奖，《福禄一生》获2021年广东省工艺美术精品展银奖。

吴壮煌，男，1973年2月出生于潮州市枫溪区，工艺美术师，潮州市工艺美术大师，潮州市工艺美术协会会员。1990年在潮州市美术瓷二厂学习雕塑，师承广东省陶瓷艺术大师吴德贤；2004开始学习手拉壶，师承黄树藩、卢桂荣大师，从事手拉壶的设计与制作至今，创办潮州市海源号陶艺坊工作室。工作室所在地：海源号陶艺坊工作室（潮州市潮安区乌洋环乡路）。代表作品：手拉壶《飞鸿》《福鼠呈祥》《鹊实牛》等，以手拉坯成型为主。《福鼠呈祥》获2020年广东（潮州）工艺美术精品展金奖。

黄洽腾，男，1990年10月出生于潮州市湘桥区，工艺美术师，潮州市工艺美术大师，潮州市工艺美术协会会员。师承中国工艺美术大师谢华，2011年在谢华陶艺中心学习壶艺，一直从事手拉壶的设计与制作。工作室所在地：黄洽腾手拉壶工作室（潮州市湘桥区陈桥村）。代表作品：手拉壶《梨式》《道韵》《虚扁》等，以手拉坯成型为主。《梨式》获2014年第十六届中国工艺美术大师精品展博览会特别金奖，《道韵》获2016年文博会中国工艺美术文化创意金奖，《虚扁》获2019年第十二届广东省陶瓷艺术创作设计创新作品评比暨第十一届广东省陶瓷艺术精品展金奖。

梁钧羽，男，1991年8月出生于潮州市湘桥区，工艺美术师，潮州市工艺美术协会会员。师承中国工艺美术大师谢华，2015年至今在谢华陶艺中心学习制作壶艺。工作室所在地：明德园（潮州市湘桥区太元路 2 号）。代表作品：《掩耳盗铃》《水平》《苹果》等，成型工艺为手拉坯融合陶刻。《秦权》获民间工艺传承与创新作品邀请展二等奖，《陶刻·虚扁壶》获第五届广东陶瓷艺术精品展银奖。

吴焕斌，男，1975 年 5 月出生于潮州市枫溪区，工艺美术师，潮州市工艺美术协会会员。2012 年至今从事手拉壶的设计与制作。工作室所在地：潮州市枫溪区枫二村。代表作品：手拉壶《西施》《贵妃》《飘逸》等，以手拉坯成型为主。《竹韵》《飘逸》获 2019 年第八届广东省陶瓷美术精品展银奖，《美人鱼》获 2020 年广东（潮州）工艺美术精品展金奖，《后德》获 2021 年广东省工艺美术精品奖银奖。

蔡松楷，男，1983 年 5 月出生于潮州市湘桥区凤新街道，工艺美术师，潮州市工艺美术大师，潮州市工艺美术协会会员。师承章秋波老师，2007 在章秋波老师工作室学习壶艺制作，从事手拉壶的设计与制作至今。工作室地址：蔡松楷壶艺（潮州市湘桥区凤新街道西塘电厂宿舍附近）。代表作品：《凤舞提梁》《六六大顺》《念慈系列》《丹凤朝阳》，为手拉坯成型。《凤舞提梁》获 2019 年粤港澳大湾区工艺美术博览会"国匠杯"银奖，《丹凤朝阳》获 2019 年广东省工艺美术精品展"岭南工匠杯"银奖，《六六大顺（六件）》2020 年被广东省工艺美术珍品馆收藏。

陈晓斌，男，1994 年 8 月出生于潮州市潮安区沙溪镇，潮州市工艺美术协会会员。2014 年毕业于广东省陶瓷职业技术学院手拉壶专业，其间跟老师学习手拉壶的设计与制作。工作室所在地：水石清华（潮州市潮安区金石镇潘厝小学斜对面）。代表作品：手拉壶《矮梨》《水平壶》《凌云式》等，以手拉坯成型为主。

章少纯，男，1981 年 6 月出生于潮州市湘桥区西塘村，工艺美术师，潮州市工艺美术大师，潮州市工艺美术协会会员。师承吴敬亮，2008 年从事手拉壶至今。工作室所在地：章少淳手拉壶工作室（潮州市湘桥区凤新街道西塘村）。代表作品：手拉壶《富贵》《招财进宝壶》《凤城》等。《富贵》获 2017 年广东工艺美术精品大展金奖，《招财进宝》获 2019 年广东省工艺美术精品展"岭南工匠杯"金奖，《凤城》2021 年中国（北京）国际精品陶瓷展览会暨第十届"大地奖"中国陶瓷创新与设计大赛金奖。

章淡鹏，男，1974 年 3 月出生于潮州市湘桥区西塘村，潮州市工艺美术协会会员。2000 年创办章淡鹏壶艺工作室，从事手拉壶的设计与制作至今。工作室所在地：章淡鹏壶艺工作室（潮州市湘桥区西塘村学校路西片二巷 3 号）。代表作品：手拉壶《硕果》《绞泥载道》《千线飞天》等，以手拉坯成型为主。《硕果》获 2020 年首届广东省现代家居工艺美术文化创新设计大赛金奖，《绞泥载道》获 2020 年潮州市工艺美术精品展金奖。

章栋宇，男，1995 年 7 月出生于潮州市湘桥区西塘村，工艺美术师，潮州市工艺美术协会会员。2015 年在谢华陶艺中心学习壶艺，从事手拉壶的设计与制作至今。工作室所在地：章栋宇手拉壶工作室（潮州市湘桥区凤新街道西塘）。代表作品：《合欢》《龙》《年年有鱼》等，以手拉坯成型为主。《合欢》获 2021 年第十三届广东省陶瓷艺术创作设计创新作品评比暨第十二届广东省陶瓷艺术精品展银奖。

章柱文，男，1982 年 4 月出生于潮州市湘桥区西塘村，潮州市工艺美术协会会员。2000 年至今从事手拉壶的设计与制作。工作室所在地：章柱文工作室（潮州市湘桥区凤新街道西塘村）。代表作品：手拉壶《水平》《西施》《梨》等，以手拉坯成型为主。《彩虹容天》获 2020 年潮州市工艺美术精品展金奖。

佘灿坤，男，1980 年 9 月出生于潮州市枫溪区浮洲园街，潮州市工艺美术协会会员。幼时随祖父"美记"佘镇松学习手拉技艺，从业后随"豇道"陆溢彬学习制壶技艺；2015 年创立醉兰坊壶艺工作室，从事手拉壶创作至今。工作室所在地：醉兰坊壶艺工作室（潮州市枫溪区长堀墘 8 号吴舍艺坊 2 楼）。代表作品：手拉壶《掌上明珠》《镇邪》《渔乐》等，以手拉坯成型为主。《掌上明珠》获 2019 年广东陶瓷艺术精品展金奖，《镇邪》获 2020 年广东（潮州）工艺美术精品展金奖，《渔乐》获 2021 年第十三届广东省陶瓷艺术创作设计创新作品评选暨第十二届广东省陶瓷艺术精品展金奖。

章锐波，男，1994 年 8 月出生于潮州市湘桥区西塘村，潮州市工艺美术协会会员。2016 年开始从事制壶行业。工作室所在地：章锐波壶艺工作室（潮州市湘桥区西塘村祠堂附近）。代表作品：手拉壶《清风荷韵》《五彩缤纷》《奇器》，线条简练，器形富有创新性。

陈东华，男，1996 年 10 月出生于福建省龙岩市上杭县南阳镇朱斜村，潮州市工艺美术协会会员。2012 年开始从事手拉壶工作，2016 年创办陈东华手拉壶工作室。工作室所在地：陈东华手拉壶工作室（潮州市枫溪区四房路）。代表作品：手拉朱泥壶《灯笼》《八方》《将军》等，以手拉坯成型为主，加入雕塑削角工艺使壶更有特色。手拉壶《灯笼》获 2020 年广东（潮州）工艺美术精品展银奖，朱泥壶《八方》获 2020 年广东（潮州）工艺美术精品展金奖。

陈浩彬，男，1988 年 6 月出生于潮州市潮安区凤塘镇，工艺美术师，潮州市工艺美术大师，潮州市工艺美术协会会员。2015 年至今从事手拉壶的设计与制作。工作室所在地：陈浩彬手拉壶工作室（潮州市云梯村）。代表作品：手拉壶《滴水之恩》《清风伴月》《清风竹影》等，以手拉坯成型为主。《望江楼》获 2018 年广东省工艺美术精品展"岭南工匠杯"银奖，《四代同堂》获 2020 年广东（潮州）工艺美术精品展银奖。

苏木丰，男，1979 年 7 月出生于潮州市枫溪区，工艺美术师，潮州市工艺美术协会会员。2012 年创办苏木丰壶艺工作室，从事手拉壶的设计与制作至今。工作室所在地：苏木丰手拉壶工作室（潮州市枫溪区白塔村）。代表作品：手拉壶《侧把扁壶》，手拉壶《凤缘》，手拉壶《思婷》等，以手拉坯成型为主。《思婷》获 2019 年粤港澳大湾区工艺美术博览会"国匠杯"银奖。

黄钢清，男，1989 年 10 月出生于潮州市潮安区古巷镇，工艺美术师，潮州市工艺美术大师，潮州市工艺美术协会会员。师承宜兴壶艺家邵良东，2006 年在宜兴学习全手工紫砂壶制作，2009 年回潮州学习手拉制壶制作工艺，2010 年创办工作室。工作室所在地：黄钢清壶艺工作室（潮州市潮安区古巷镇孚中村）。代表作品：手拉壶《陶醉》《井栏》《古韵》等。《陶醉》获 2014 年第十六届中国工艺美术大师精品博览会金奖，《古韵》获 2015 年广东（潮州）工艺美术精品展金奖，《清风》获 2015 年广东（潮州）工艺美术精品展银奖。

陈福彪，男，1984 年 4 月出生于潮州市枫溪区，工艺美术师，潮州市工艺美术协会会员。2011 年至今从事手拉壶的设计与制作。工作室所在地：陈福彪手拉壶工作室（潮州市枫溪高厦下厝路）。代表作品：手拉壶《梨壶》《水平》《贵妃》等，以手拉坯成型为主。《弦月提壶》获 2017 年广东省工艺美术精品大展金奖，《仪凤》获 2018 年广东省工艺美术精品展"岭南工匠杯"金奖，《晨鸣》获 2018 年第三届"金榕奖"金奖。

王智科，男，1984年8月出生于潮州市饶平县新圩镇，工艺美术师，潮州市工艺美术大师，潮州市工艺美术协会会员。师承中国工艺美术大师谢华，2012年在谢华陶艺中心学习潮州手拉朱泥壶技艺，2017年出师自立，创立壶艺人工作室至今。工作室所在地：壶艺人工作室（潮州市湘桥区卫星一路53号）。代表作品:《蓝采和提梁壶》《石鼓跳刀壶》《掇只跳刀壶》《跳刀纹工夫茶器》，结合多种工艺制作而成，以手拉坯成型为主，造型精修，创新纹理跳刀工艺，明针制作。代表作品的核心设计理念为粗中有细、纹理自然且具有内涵。《蓝采和提梁壶》获2020年广东（潮州）工艺美术精品展金奖，《小蛮腰》获2020年首届广东省现代家居工艺美术文化创新设计大赛艺术奖银奖，《石鼓跳刀壶》获2020年广东（潮州）首届"潮艺杯"工艺美术技能大赛三等奖。

林汉彬，男，1986年7月出生于潮州市湘桥区凤新街道，潮州市工艺美术协会会员。2009年在黄钢清壶艺工作室学习制壶技艺，从事手拉壶的设计与制作至今。工作室所在地：聚友壶阁（潮州市湘桥区凤新街道花园村）。代表作品：手拉壶《高脚水平》《渔翁》《自在》等，以手拉坯成型为主。《渔翁》获2021年广东省现代家居工艺美术文化创新设计大赛铜奖，《剑流德钟》获2021年第十三届广东省陶瓷艺术创作设计创新作品评比第十二届广东省陶瓷艺术精品展银奖，《自在》获2021年广东工艺美术精品奖银奖。

邱晓青，男，1994年11月出生于潮州市枫溪区长美村，工艺美术师，潮州市工艺美术协会会员。师承中国工艺美术大师谢华，2013年在谢华陶艺中心学习壶艺，从事手拉壶的设计与制作至今。工作室所在地：应山陶艺坊（潮州市枫溪区长美村）。代表作品：手拉壶《原矿大红袍高矮梨形壶》《如意》《石榴》等，以手拉坯成型为主。《迎客提梁》获2016年广东（潮州）工艺美术精品展金奖，《如意》获2018年首届粤港澳大湾区工艺美术博览会"国匠杯"银奖，《原矿大红袍高矮梨形壶》获 2019 年中国工艺美术博览会首届"百鹤杯"工艺美术设计创新大赛"白鹤奖"。

黄剑锋，男，1977 年 5 月出生于潮州市枫溪区前进人家前村，潮州市工艺美术协会会员。2000 年开始从事陶艺工作，从事手拉壶的设计与制作至今。工作室所在地：黄剑锋壶艺（潮州市枫溪区前进人家前村）。代表作品：手拉壶《水平壶》《西施壶》《仿古壶》等，以潮州传统工艺手拉坯为主。

吴鑫，男，1995 年出生于潮州市枫溪区，助理工艺美术师，潮州市工艺美术协会会员。2011 年就读于广东省陶瓷职业技术学校，2014 年创办锦合壶坊工作室。工作室所在地：锦合壶坊工作室（潮州市枫溪区炮楼闸仔东路 17 号）。代表作品：手拉壶《入境》《游历》《文书》等，以手拉坯成型为主。《天地方圆》获 2014 年中国（四川）国际家居饰品暨红木艺术展览会广东（潮州）工艺美术精品展金奖，《文书》获 2020 年广东（潮州）工艺美术精品展金奖，《一叶孤舟》获 2021 年第十三届广东省陶瓷艺术创作设计创新作品评选暨第十二届广东省陶瓷艺术精品展金奖。

洪文音，女，1994 年出生于潮州市枫溪区，助理工艺美术师，潮州市工艺美术协会会员。2011 年就读广东省陶瓷职业技术学校，2014 年创办锦合壶坊工作室。工作室所在地：锦合壶坊工作室（潮州市枫溪区炮楼闸仔东路 17 号）。代表作品：手拉壶《鼓舞》《得趣》《晨鸣》等，以手拉坯成型为主。《鼓舞》获 2020 年首届广东省现代家居工艺美术文化创新设计大赛一等奖，《天地方圆》获 2014 年中国（四川）国际家居饰品暨红木艺术展览会广东（潮州）工艺美术精品展金奖。曾获 2020 年广东（潮州）首届"潮艺杯"工艺美术技能大赛二等奖。

　　蔡家鸿，男，1990 年 12 月出生于潮州市湘桥区凤新街道，工艺美术大师，潮州市工艺美术大师，潮州市工艺美术协会会员。师承广东省工艺美术大师吴锦全，2008 年至今从事手拉壶设计与制作。工作室所在地：蔡家鸿手拉壶工作室（潮州市湘桥区凤新街道大园村）。代表作品：手拉壶《节节高升》《渔翁》《竹韵》等，以手拉坯成型为主。《意》获 2014 年第二届中国（四川）国际家居饰品暨红木艺术展览会广东（潮州）工艺美术精品展金奖，《年年有余》获 2018 年首届粤港澳大湾区工艺美术博览会"国匠杯"银奖，《节节高升》获 2020 年首届广东省现代居家工艺美术文化创新设计大赛银奖。

　　侯东杰，男，1995 年 8 月 2 日出生于潮州市湘桥区，助理工艺美术师，潮州市工艺美术协会会员。2011 年就读于广东省陶瓷职业技术学校，2019 年创办自己的工作室。工作室所在地：侯东杰手拉壶工作室（潮州市湘桥区新洋路新洋大厦）。代表作品：手拉壶《容天》《西施》《君德》等，以手拉坯成型为主。

　　邱斯伟，男，1997 年 12 月出生于潮州市枫溪区，助理工艺美术师，潮州市工艺美术协会会员。师承高级工艺美术师邱桂彪，2013 年在邱桂彪工作室学习壶艺，从事手拉壶的设计与制作至今。工作室所在地：邱氏陶坊（潮州市枫溪区长美村）。代表作品：手拉壶《水平》《西施》《玉泉》等，以手拉坯成型为主。《玉泉》获 2018 年广东省工艺美术精品展"岭南工匠杯"金奖。

　　蔡典举，男，1989 年 9 月出生于潮州市枫溪区，工艺美术师，潮州市工艺美术协会会员。2011 年大专毕业后从事手拉壶的设计与制作至今。工作室所在地：蔡典举手拉壶工作室（潮州市枫溪区蔡陇）。代表作品：手拉壶《水平》《思亭》《君德》等，以手拉坯成型为主。《如意祥云》获2017 年"中陶杯"中国陶瓷产品设计大赛金奖，《胖墩壶》获 2019 年第九届广东省陶瓷艺术创作设计创新作品评选暨第七届广东省陶瓷艺术精品展金奖，《鼓动心弦》获 2021 年第十届广东省陶瓷艺术创作设计创新作品评比暨第八届广东省陶瓷艺术精品展银奖。

黄文俊，男，1994 年 10 月出生于潮州市枫溪区前进村，工艺美术师，潮州市工艺美术协会会员。师承中国工艺美术大师谢华，2012 年在谢华陶艺中心学习壶艺，从事手拉壶的设计与制作至今。工作室所在地：黄文俊手拉壶工作室（潮州市枫溪区前进村）。代表作品：手拉壶《仿古》《青鸾》《梨壶》等，以手拉坯成型为主。《仿古》获 2015 年广东省传统工艺美术精品大展金奖，曾获 2015 年第二届广东省手拉壶技艺大赛三等奖。

蔡东杰，男，1985 年 5 月出生于潮州市枫溪区，潮州市工艺美术协会会员。2015 年在谢华陶艺中心学习壶艺，2019 年跟随苏阳波学习传统手拉壶制作工艺。工作室所在地：蔡东杰手拉壶工作室（潮州市枫溪区槐山岗村）。代表作品：手拉壶《水平》《梨壶》等，采用枫溪传统工艺制作，以手拉坯成型为主。

邱欣湘，男，1978 年 3 月出生于潮州市枫溪区长美二村，潮州市工艺美术协会会员。2014 年开始学习手拉壶及泥料制作技术，从事手拉壶的设计与制作和对潮州本土泥料的技术研究至今，作品以潮州本土石矿朱泥料为原料。工作室所在地：邱欣湘手拉壶工作室（潮州市枫溪区长美二村高田长德南路）。代表作品：手拉壶《竹节提梁》《匏壶》《虚扁》等，以手拉坯成型为主。《西施》《虚扁》获 2020 年潮州市工艺美术精品展金奖，《竹节提梁》获 2021 年第十三届广东省陶瓷艺术创作设计创新作品评比暨第十二届广东省陶瓷艺术精品展金奖。

杨书鹏，男，1978 年 5 月出生于潮州市饶平县所城镇，潮州市工艺美术协会会员。师承谢华、邹丽娟，毕业于韩山师范学院，2015 年开始在谢华陶艺中心学习壶艺。工作室所在地：潮州市环城西路金碧园三幢。作品主要工艺特色：以手拉坯成型为主、兼手拍成型、多与书法刻字结合。代表作品：手拉壶《荷韵》《平安》《气贯长虹》。《印象春秋》获 2020 年广东（潮州）首届"潮艺杯"工艺美术技能大赛，《欢腾》获 2021 年第十届广东省陶瓷艺术创作设计创新作品评比暨第八届广东省陶瓷艺术精品展金奖，《小牛》获 2021 年广东省工艺美术精品展金奖。

　　章剑泽，男，1990 年 1 月出生潮州市湘桥区西塘村，潮州市工艺美术协会会员。2006 年毕业后开始学习壶艺、陶瓷模具设计和泥塑。2017 年创办随心坊手拉壶作坊，工作室所在地：随心坊（揭阳市揭东区玉窖镇半洋村东洋）。代表作品：手拉壶《福贵》《扁西施》《滴水之恩》等，以手拉坯成型为主。《扁福》获 2020 年广东（潮州）工艺美术精品展银奖，《福贵》获 2021 年第十二届广东省陶瓷艺术精品展银奖，《绞泥纹理·扁福》获 2021 年广东工艺美术精品展金奖。

　　林嬿，女，1995 年 5 月出生于潮州市湘桥区，工艺美术师，潮州市工艺美术协会会员。师承中国工艺美术大师谢华，2011 年至 2018 年 7 月在谢华陶艺中心学习壶艺，2018 年 8 月创办紫燕陶艺工作室。工作室所在地：紫燕陶艺工作室（潮州市湘桥区新泰街新泰花园）。代表作品：手拉壶《凤凰台》《霓裳》《醉翁》等，以手拉坯成型为主。《凤凰台》获 2020 年广东（潮州）工艺美术精品展金奖，《霓裳》获 2020 年粤港澳大湾区工艺美术博览会广东省工艺美术精品展"岭南工匠杯"金奖。

　　李镇加，男，1995 年 9 月出生于潮州市潮安区浮洋镇，工艺美术师，潮州市工艺美术协会会员。师承中国工艺美术大师谢华，2012 年至 2018 年 7 月进入谢华陶艺中心学习壶艺，2018 年 8 月至今在紫燕陶艺工作室从事手拉壶设计制作。工作室所在地：紫燕陶艺工作室（潮州市湘桥区新泰街新泰花园）。代表作品：手拉壶《鱼化龙》《西施》《翔》等，以手拉坯成型为主。《翔》获 2014 年广东传统工艺美术精品展金奖。

佘武祥，男，1964 年 10 月出生于潮州市枫溪区，潮州市工艺美术协会会员。师承父亲佘纲坤等人，1980 年开始从事手拉壶制作，成为一名陶瓷手拉工匠。1981 年父亲在枫溪长美与合伙人建制龙窑，协助开办陶瓷手拉制作厂，1987 年传承家族先辈产业，自己建制龙窑，是家族第三代手拉传承人，自办陶厂生产各种传统家庭手拉用品至今。工作室所在地：祥记（潮州市枫溪区银槐路 105 号）。作品工艺特色是纯手工拉坯成型，代表作品：手拉碳炉《潮韵红泥炉》《吉祥白泥炉》《土楼迎宾炉》空心砂铫煮水壶等。《潮韵红泥炉》获 2020 年广东（潮州）工艺美术精品展银奖，碳炉《乘势而上》获 2020 年广东（潮州）首届"潮艺杯"工艺美术技能大赛三等奖，《起而行之》获 2021 年广东工艺美术精品奖铜奖。

吴锐彬，男，1983 年 11 月出生于潮州市枫溪区，工艺美术师，潮州市工艺美术协会会员。2009 年从事手拉壶制作至今。工作室所在地：精思创唯陶艺坊（潮州市枫溪区枫一开发区银槐路八横公龙眼路 124 号）。代表作品：手拉壶《德韵》《清泉》《竹韵》等，以手拉坯成型为主。《德韵》获第十届广东省陶瓷艺术创作设计创新作品评比暨第八届广东省陶瓷艺术精品展金奖，《清泉》获 2020 年广东（潮州）工艺美术精品展金奖。

林建宇，男，1998 年 10 月出生于潮州市湘桥区凤新街道，助理工艺美术师，潮州市工艺美术协会会员。2017—2018 年在吴德盛手拉壶工作室学习，2018 年创办林建宇手拉壶工作室。工作室所在地：林建宇手拉壶工作室（潮州市湘桥区绿榕路凤新街道花园村东园路十巷 9 号）。代表作品：手拉壶《灵蛇献瑞》《温润而泽》等，以手拉坯成型为主。

张嘉鸿，男，1997 年 9 月出生于潮州市江东镇，助理工艺美术师，潮州市工艺美术协会会员。2014 年在谢华陶艺中心学习壶艺，从事手拉壶的设计与制作至今。工作室所在地：潮州市祥源壶艺工作室（潮州市凤新开发区嘉捷纸品厂）。代表作品：手拉壶《相濡以沫》《凤雏》《笑樱》《水平》等，以手拉坯成型为主。《相濡以沫》获 2020 年广东（潮州）首届"潮艺杯"工艺美术技能大赛二等奖，《笑樱》获 2021 年广东工艺美术精品展银奖。

吴培东，男，1987 年 3 月出生于潮州市枫溪区，工艺美术师，潮州市工艺美术大师，潮州市工艺美术协会会员。师承父亲广东省陶瓷艺术大师吴德盛，从 2008 年学艺至今。工作室所在地：吴德盛手拉壶工作室（潮州市枫溪区枫二新村）。代表作品：手拉壶《浮运》《梨壶》《水平》等，以手拉坯成型为主。《鸳鸯》获 2012 年中国工艺美术"百花奖"金奖，《吉象》获 2014 年中国（深圳）工艺美术文化创意奖金奖，《梨壶》获 2020 年首届广东省现代家居工艺美术文化创新设计大赛金奖。

邱钏钿，男，1983 年 10 月出生于潮州市枫溪区长美，潮州市工艺美术协会会员。师承吴作明，2001 年至今一直从事陶瓷彩绘。工作室所在地：钿艺轩（潮州市枫溪区长美村）。代表作品：潮彩茶具《凤城春晓》《渔樵耕读》《溪山清韵》等。《渔樵耕读》获 2020 年广东（潮州）首届"潮艺杯"工艺美术技能大赛金奖，潮彩《凤城春晓》获 2020 年首届广东省现代家居工艺美术文化创新设计大赛银奖，《溪山清韵》获 2020 年广东（潮州）工艺精品展银奖。

蔡杭繁，男，1996 年 11 月出生于潮州市湘桥区，助理工艺美术师，潮州市工艺美术协会会员。师承广东省工艺美术大师柯敏，2015 年至今在潮州市湘桥区柏荫精舍手拉壶培训中心从事手拉壶制作。工作室所在地：

柏荫精舍（潮州市湘桥区太平街道郑厝巷）。代表作品：手拉壶《水平》《容天》《匏尊》等，以手拉坯成型为主。《千祥》获 2018 年广东省工艺美术精品展"岭南工匠杯"金奖，《仿古》获 2018 年广东省工艺美术精品展"岭南工匠杯"铜奖。

陈少鹏，男，1997 年 6 月出生于潮州市潮安区，助理工艺美术师，潮州市工艺美术协会会员。师承广东省工艺美术大师柯敏，2015 年至今在潮州市湘桥区柏荫精舍手拉壶培训中心从事手拉壶制作。工作室所在地：柏荫精舍（潮州市湘桥区太平街道郑厝巷）。代表作品：手拉壶《天球》《如意》《梨壶》等，以手拉坯成型为主。《千祥》获 2018 年广东省工艺美术精品展"岭南工匠杯"金奖，《仿古》获 2018 年广东省工艺美术精品展"岭南工匠杯"铜奖。

许一宁，女，2001 年 10 月出生于潮州市湘桥区，潮州市工艺美术协会会员。师承广东省工艺美术大师柯敏，自 2017 年在校学习之余在潮州市湘桥区柏荫精舍手拉壶培训中心学习壶艺，从事手拉壶的设计与制作及陶艺体验辅导至今。工作室所在地：柏荫精舍（潮州市湘桥区太平街道郑厝巷）。代表作品：手拉壶《一宁》、陶艺随形杯《童趣》等，以手拉坯成型为主。

章雪芬，女，1972 年 7 月出生于潮州市湘桥区西塘村，工艺美术师，潮州市工艺美术大师，潮州市工艺美术协会会员。2000 年至今从事手拉壶的设计、制作和紫泥的研究、生产。工作室所在地：章雪芬手拉壶工作室（潮州市湘桥区凤新街道西塘村）。代表作品：手拉壶《双福》《双色石磨》《金钟》等。《圆满》获 2016 年广东（潮州）工艺美术精品展金奖，《金钟》获 2017 年第三届文博会中国工艺美术文化创意奖银奖，《双福》获 2018 年首届广东省工艺美术行业职工职业紫砂、朱泥壶创作技能大赛优秀奖。

陈钿，男，1996年3月出生于潮州市潮安区浮洋镇，助理工艺美术师，潮州市工艺美术协会会员。2015从事制壶行业至今。工作室所在地：陈钿手拉壶工作室（潮州市枫溪区前进村）。代表作品：手拉壶《信仰》《初心》《称心》等，以手拉坯成型为主。《初心》获2021年广东省工艺美术精品展金奖。

林湘荣，男，1993年1月出生于潮州市湘桥区厦寺村，工艺美术师，潮州市工艺美术大师，潮州市工艺美术协会会员。师承中国工艺美术大师谢华，2010年起在潮州市湘桥区陶瓷传统特色工艺研究中心学习壶艺，从事手拉壶的设计与制作至今。工作室所在地：明德园（潮州市湘桥区太元路2号）。代表作品：手拉壶《磨》《月伴》《儒风》，以手拉坯成型为主。《月伴》《磨》均获2014年广东传统工艺美术精品大展金奖，《儒风》获2020年广东（潮州）工艺美术精品展金奖。

陈嘉，男，1976年7月出生于潮州市枫溪区，工艺美术师，潮州市工艺美术大师，潮州市工艺美术协会会员。1994年至2009年在潮州市南国瓷厂从事陶瓷样品造型设计制作，跟随广东省陶瓷艺术大师陈丹虹学习陶瓷雕塑，2009年创办陈嘉手拉壶工作室，从事手拉壶的设计与制作至今。工作室所在地：陈嘉手拉壶工作室（潮州市枫溪区）。代表作品：手拉壶《厚德载福》《牛转乾坤》《佛果》，以手拉坯成型为主，结合浮雕造型等，并设计制作了手拉壶方器、手拉壶花器。《聚谊》获2016年中国（北京）国际精品陶瓷博览会"大地奖"金奖，《契若金兰》获2016年广东（潮州）工艺美术精品展金奖。

吴培良，男，1987年5月出生于潮州市枫溪区，潮州市工艺美术协会会员。"源兴号"后人，师承父亲吴瑞全，2006年开始从事传统手拉壶技艺。工作室所在地：源兴号壶艺（潮州市开元广场潮州茗壶馆）。代表作品：手拉壶《三足鼎立》《胜利之杯》《滴水壶》等，以手拉坯成型为主。《三足鼎立》获 2020 年广东省工艺美术精品展金奖，《胜利之杯》获第十三届广东省陶瓷艺术创新设计大赛金奖。

卢礼浩，男，1976 年 1 月出生于潮州市枫溪区，工艺美术师，潮州市工艺美术大师，潮州市工艺美术协会会员。毕业于汕头大学长江艺术与设计学院，现任职于韩山师范学院广东省陶瓷职业技术学校，从业以来一直致力于工艺美术专业的教学与创作，喜欢手拉壶的设计与制作。工作室地址：卢礼浩陶瓷艺术工作室（潮州市枫溪区枫一村太合兴路五横十二号）。代表作品：手拉壶《福龟》《马驹》等。《福龟》获 2017 年第七届中国（厦门）陶瓷文化艺术创意设计精品展览会"大地奖"陶瓷作品大赛银奖，《马驹》获 2017 年广东省工艺美术精品大展金奖，《福禄寿龟》获第十一届中国陶瓷艺术大展银奖。

邱玉河，男，1971 年 11 月出生于潮州市枫溪区长美二村，潮州市工艺美术协会会员。2013 年开始学习手拉壶的设计与制作至今。工作室所在地：邱玉河手拉壶工作室（潮州市枫溪区长美二村东丽园）。代表作品：绞泥手拉壶《贵妃》《水平》《情缘》等，以手拉坯成型为主，加入雕塑削角工艺使壶更有特色。绞泥手拉壶《明月》获 2021 年广东工艺美术精品展铜奖。

# 后 记 ▮▮▮

近代以来，潮州在生产"杯、碟、壶"等传统瓷器茶具产品的同时，也逐渐发展了具有个性化地方特色的手拉朱泥壶，茶器品种日益丰富。

目前，潮州一些大型日用瓷企业将茶具作为主要发展品种，生产高白瓷、骨质瓷、高精贴花瓷等高级茶具，研发出多种冲泡方式的成套系列瓷器茶具，成为国礼瓷、国宴瓷以及国内外高档星级酒店的定制瓷，潮州瓷器茶具仍然走在全国同行的前列。

同时，潮州市政府大力发展工艺美术产业和非遗传承项目，进一步推动壶艺产业不断壮大。加之业内大师带徒、开门培训蔚然成风，高校师生、陶瓷老字号传人及广大爱好者纷纷加入制壶行列，人才荟萃，潮州传统壶艺得到极大的传承推广。特别是2021 年 8 月 20 日，国家知识产权局公告潮州手拉朱泥壶成为国家地理标志产品，对潮州朱泥壶的规范化、产业化发展，可谓适逢其时，有利于原汁原味地保护好潮州传统手拉朱泥壶文化的传统基因，鼓励从业者创作具有文化内涵的艺术精品和文创产品，让新一代年轻人感受到潮州手拉朱泥壶之美。

本书梳理了近代以来潮州茶器的发展变化，以此挖掘行业历史文化，保护其种子，传承其根脉，创新其维度，从而激发从业人员的创作热情，借助"中国瓷都""中国工艺美术之都"的品牌优势，在发展精品化、提升知名度的同时，通过规模化产品让潮州茶器沿着"一带一路"走向海外，赢得市场的青睐，促进行业的繁荣发展。

本书的出版得到潮州市社会科学界联合会大力支持，在此谨表谢意！并对潮州市工艺美术协会广大会员的积极配合，协会秘书处和颐陶轩潮州窑博物馆的工作人员付出的辛勤劳动，表示感谢！

本书收入的实物资料大多为潮州市颐陶轩潮州窑博物馆藏品，由于编写时间紧，加之本人学力浅薄，难免出现管窥之见、错漏之处，敬请方家批评指正。

李炳炎

2022 年 8 月于颐陶轩